Yvonne Beutner

E-MAIL-KOMMUNIKATION
EINE ANALYSE

In Erinnerung und Dankbarkeit gewidmet meinem Großvater †Wilhelm Becker.

Yvonne Beutner

E-MAIL-KOMMUNIKATION

Eine Analyse

ibidem-Verlag
Stuttgart

Bibliografische Information Der Deutschen Bibliothek

Die Deutsche Bibliothek verzeichnet diese Publikation in der Deutschen Nationalbibliografie; detaillierte bibliografische Daten sind im Internet über <http://dnb.ddb.de> abrufbar.

∞

Gedruckt auf alterungsbeständigem, säurefreien Papier
Printed on acid-free paper

ISBN: 3-89821-231-9
© *ibidem*-Verlag
Stuttgart 2002
Alle Rechte vorbehalten

Das Werk einschließlich aller seiner Teile ist urheberrechtlich geschützt. Jede Verwertung außerhalb der engen Grenzen des Urheberrechtsgesetzes ist ohne Zustimmung des Verlages unzulässig und strafbar. Dies gilt insbesondere für Vervielfältigungen, Übersetzungen, Mikroverfilmungen und elektronische Speicherformen sowie die Einspeicherung und Verarbeitung in elektronischen Systemen.

Printed in Germany

Inhaltsverzeichnis

Abbildungsverzeichnis 7
Tabellenverzeichnis 8
0. Einleitung 9
1. Die Grundlagen der E-Mail-Kommunikation 11
1.1 Was ist E-Mail? 11
1.2 Die Entwicklungsgeschichte der E-Mail-Kommunikation 13
1.3 Der technische Hintergrund der E-Mail-Kommunikation 14
1.3.1 Die Internet-Protokolle 15
1.3.2 Die Teilnahme an der E-Mail-Kommunikation 18
1.4 Der strukturelle Aufbau einer E-Mail 21
2. Die Medienwahl 25
2.1 Die Vorteile der E-Mail-Kommunikation 25
2.2 Die Nachteile der E-Mail-Kommunikation 34
2.3 Theoretische Konzeptionen 41
3. E-Mails und Sprache – Sprache in E-Mails 43
3.1 Mündlichkeit vs. Schriftlichkeit 43
3.1.1 Theoretische Konzeptionen 44
3.1.2 Dialogizität und Intertextualität 50
3.1.3 Dialektale Einflüsse und Regionalismen 59
3.1.4 Deixis 61
3.1.5 Emulierte Prosodie 64
3.1.6 Phonologische Deviationen 67
3.1.7 Syntaktische Rekurrenzen 68
3.1.8 Weitere Elemente gesprochener Sprache 69
3.2 Ausdruck von Gefühlen 71
3.2.1 Theoretische Konzeptionen 72
3.2.2 Emoticons 73
3.2.3 Comicsprache 79
3.3 Abkürzungen und Akronyme 80
3.4 Soundalike Slang 86
3.5 Besonderheiten im Bereich des Wortschatzes 87
3.6 Die soziale Komponente der Kommunikation 92

3.6.2 Flaming ... 94
3.6.3 Anrede ... 95
3.6.4 Schluss ... 99
3.7 Zwischenbilanz ... 105
4. Fehlertoleranz und –häufigkeit ... 107
5. Der E-Mail-Knigge ... 115
6. Fazit ... 119
7. Literaturverzeichnis ... 123

Abbildungsverzeichnis

Abb. 1: Sendeprinzip 20
Abb. 2a: Standard-Header 21
Abb. 2b: Erweiterter Header 22
Abb. 3: Carbon Copy 28
Abb. 4: Blind Carbon Copy 28
Abb. 5: Weitergeleitete E-Mail 29
Abb. 6: Hyperlink-E-Mail 31
Abb. 7: Attachment-E-Mail 31
Abb. 8: SMS-E-Mail 32
Abb. 9: E-Mail eines nicht ermittelbaren Absenders 39
Abb. 10: Quoting ohne Bezugnahme 51
Abb. 11a: Indirektes Quoting 54
Abb. 11b: Direktes Quoting 54
Abb. 12: Fehlerhaftes Quoting 55
Abb. 13: Karikierung einer unüberschaubaren Betreffzeile 58
Abb. 14a-d: Regionalismen 61
Abb.15a-b: Auflösung der deiktischen Verweise 63
Abb. 16a-c: Unklare Bezüge 64
Abb. 17a-c: Emulierte Prosodie 65
Abb. 18: Telegrammähnliche E-Mail 71
Abb. 19: Gesprächsähnliche E-Mail 71
Abb. 20a-d: Comicsprache 79
Abb. 21a-b: Akronyme 82
Abb. 22: Anglizismen 88
Abb. 23a-b: Fachwortschatz 89
Abb. 24a-g: Signaturen 101
Abb. 25a: E-Mail aus der Universität 112
Abb. 25b: E-Mail von zu Hause 112

Tabellenverzeichnis

Tab. 1: Zeit- und Adressatenebenen der CMC 11
Tab. 2: Die Fehlermeldungen der E-Mail-Server 35
Tab 3: Schrift und Sprache im dichotomous model 45
Tab. 4: Emoticons und ihre Bedeutung 77
Tab. 5: Abkürzungen und ihre Bedeutung 86
Tab. 6: Das Anredeverhalten in E-Mails 98
Tab. 7: Das Verabschiedungsverhalten in E-Mails 103
Tab. 8: Sprachliche Besonderheiten des Korpus 115
Tab. 9: Linguistisches Profil einer E-Mail 121

0. Einleitung

Obwohl im Zuge der Technisierung von Kommunikation E-Mail bereits einen hohen Verbreitungsgrad aufweist, gibt es immer noch keine konventionalisierte Schreibweise und es existieren diverse Variationen wie Email, EMail, E-Mail, E-Mail, eMail, email, E-Mail oder E-Mail. In dieser Studie wird die Version E-Mail verwendet, da durch die Großschreibung der Status des Substantivs deutlich gemacht werden soll und die Kopplung mit Bindestrich im Deutschen ebenfalls eine Großschreibung des zweiten Teils nach sich zieht.
Ein weiterer Streitpunkt hinsichtlich des Begriffs E-Mail ist sein Genus. Das Geschlecht ist nicht festgelegt, aber in Deutschland heißt es meist *die E-Mail*, also handelt es sich um ein Femininum (wahrscheinlich in Anlehnung an *die Post*); in der Schweiz allerdings ist *das E-Mail* gebräuchlicher, aber auch die maskuline Version *der E-Mail* – rekurrierend auf *der Brief* – ist nicht unbekannt. Wie bereits erwähnt, ist in Deutschland die feminine Form gebräuchlich, und aus diesem Grund wird im Folgenden auch das weibliche Genus gebraucht.

Da die E-Mail-Kommunikation ein Teil der computervermittelten Kommunikation (= CMC) ist und auch in dieser Studie immer in diesem Zusammenhang untersucht werden wird, müssten laut Smith folgende sechs Kennzeichen auf sie zutreffen[1]: Sie dürfte erstens nicht raumgebunden („aspatial") sein, sie müsste im Rahmen der Asynchronität („asynchron") sichere Erreichbarkeit und Schnelligkeit miteinander verbinden, wobei jedoch die Beschränkung auf die reine Eingabe von Text („limited bandwith") aufgehoben sei, des Weiteren dürfte man wegen fehlender äußerer Zeichen nicht auf den sozialen Status des Kommunikationspartners[2] schließen können, da CMC nicht stigmatisiert sei („astigmatic"), und sechstens müssten die E Mail-Nutzer anonym („anonymous") bleiben können.

---

[1] Vgl. Smith: Voices from the WELL, S. 100f.
[2] Die Autorin ist sich bewusst, dass die E-Mail-Kommunikation nicht nur von männlichen Individuen betrieben wird, aber im Sinne einer besseren Lesbarkeit wird im Folgenden auf die zusätzliche Nennung der weiblichen Formen verzichtet. Die Autorin möchte die femininen Formen vielmehr in den maskulinen subsumiert wissen.

Im Rahmen dieser Studie soll nun überprüft werden, ob Smiths Behauptungen aufrechterhalten werden können und die E-Mail-Kommunikation durch oben aufgeführte Kriterien gekennzeichnet ist. Zum besseren Verständnis der gesamten Abläufe, die zum Teil gravierende Auswirkungen auf die Gestaltung der E-Mail-Kommunikation haben, soll zunächst jedoch der technische Hintergrund der E-Mail-Kommunikation samt ihren Vorzügen und Nachteilen dargestellt werden, um dann in den folgenden Kapiteln das Hauptaugenmerk auf die Kategorisierung der E-Mail-Kommunikation hinsichtlich Mündlichkeit vs. Schriftlichkeit zu richten und eine linguistische Analyse des Stils innerhalb der Nachrichten vorzunehmen. Stil wird dabei verstanden als die Art und Weise, wie sprachliche Handlungen durchgeführt werden und welche Möglichkeiten des Mediums dafür ausgewählt werden. Der Untersuchungsschwerpunkt liegt dabei auf den Kontext- und Stilmitteln in Bezug auf das Resultat, aber auch die Produktions- und Rezeptionsaspekte sollen nicht vernachlässigt werden, bevor dann im letzen Teil Verhaltensregeln für die E-Mail-Kommunikation aufgestellt werden.

Als Grundlage für die linguistische Analyse und als Beispielgeber dienen insgesamt 134 E-Mails, die aus dem persönlichen und beruflichen Umfeld an die Autorin geschickt wurden. Hinzugezogen werden des Weiteren zahlreiche Untersuchungen, die bereits zu diesem Themenbereich gemacht worden sind; auffällig hierbei ist allerdings, dass die bisherige Forschung sich vor allem auf den Einsatz der E-Mail-Kommunikation im geschäftlichen Bereich konzentriert hat. Das dieser Studie zu Grunde liegende Korpus jedoch entstammt zu etwa 82% der privaten Korrespondenz, und nur 24 E-Mails können dem beruflichen Bereich zugeordnet werden. Insofern wird es schwierig, Vergleiche mit den bisherigen Untersuchungsergebnissen anzustellen und die Erkenntnisse dieser neuen Analyse durch weitere Arbeiten zu stützen bzw. zu widerlegen.
Aufgrund eines technischen Defektes des Computers der Autorin, bei dem der gesamte Festplatteninhalt gelöscht wurde, ist es leider nicht mehr möglich, die zur Untersuchung herangezogenen E-Mails der Studie als Materialanhang beizufügen. Die Modernität der digitalen Speicherung hat also durchaus ihre Tücken, wie aus diesem Missgeschick deutlich wird.

Hinsichtlich der in dieser Studie verwendeten Kennzeichnungskonventionen ist Folgendes zu beachten: Die Kursive dient der Kennzeichnung der Objektsprache, Beispiele sind in einfache Anführungszeichen gesetzt und spezielle Namen sind durch Sperrung hervorgehoben.

1. Die Grundlagen der E-Mail-Kommunikation

1.1 Was ist E-Mail?

Der Begriff E-Mail ist eine Kurzform für electronic mail und bezeichnet die elektronische, papierlose Datenübermittlung zwischen einem Sender und einem oder mehreren Empfängern mit Hilfe eines speziellen Computerprogramms und ist somit Teil der computervermittelten Kommunikation (= CMC), in deren Zusammenhang sie stets betrachtet werden muss. Es wird bei E-Mails jedoch keine zeitgleiche Empfangsbereitschaft der Adressaten vorausgesetzt, sondern die Kommunikation kann offline erfolgen, das heißt, neue Nachrichten werden automatisch in einem elektronischen Briefkasten (= Mailbox) abgelegt und der jeweilige Empfänger kann sie zu beliebiger Zeit abrufen. Die E-Mail-Kommunikation als ein großer Internetdienst lässt sich von den anderen wie IRC, Chat o. Ä. dadurch unterschieden, wie viele Personen am Kommunikationsszenario beteiligt sind und ob es sich um einen zeitversetzten Austausch (= Kommunikation) bzw. um einen zeitgleichen Austausch (= Interaktion) handelt. Im Vergleich mit einem Chat, einer Newsgroup oder einer Computerkonferenz lässt sich E-Mail hinsichtlich Zeitdimension und Teilnehmerzahl also folgendermaßen einordnen[3]:

	Bilateral/Zwei Personen	Multilateral/Mehrere Personen
Sychron/Zeitgleich	Chat	Computerkonferenz
Asychron/Zeitversetzt	E-Mail	(E-Mail), Newsgroup

Tab. 1: Zeit- und Adressatenebenen der CMC

3 Vgl. Scholl u. a.: Computervermittelte Kommunikation in der Wissenschaft, S. 23.

Die E-Mail-Kommunikation ist asynchron, auch wenn die Nachrichtenübermittlung vom Sender zum Empfänger meist innerhalb weniger Minuten stattfindet. Der E-Mail-Empfänger kann aber im Gegensatz zu einem Internet Relay Chat nicht am Bildschirm verfolgen, wie der Absender den Nachrichtentext Wort für Wort verfasst, sondern erhält erst einige Augenblicke später den Nachrichtentext en bloc. Hinsichtlich der Multilateralität lässt sich keine strikte Zuordnung vornehmen, da durchaus die Möglichkeit besteht, eine Nachricht gleichzeitig an mehrere Personen zu verschicken, allerdings wird in dieser Studie davon ausgegangen, dass die Eins-zu-Eins-Kommunikation der Regelfall ist, das heißt eine E-Mail nur einem einzigen Empfänger zugedacht ist. Folglich wird die E-Mail-Kommunikation in dieser Studie als asynchrones bilaterales Medium verstanden.

Eine E-Mail ist vereinfacht gesagt ein elektronischer Brief, der allerdings eigene Charakteristika aufweist, die im Laufe der Studie noch genauer herausgearbeitet werden. Electronic Mail stellt also die elektronisch beschleunigte Variante der sogenannten Snail-Mail bzw. der Gelben Post dar und ist der zur Zeit meistgenutzte Dienst des Internet. Die E-Mail-Kommunikation ist eine Kommunikationsvariante, die erst in den letzten Jahren zum Massenmedium avanciert ist. Mittlerweile ist es üblich, neben einer Postanschrift auch eine E-Mail-Adresse auf seiner Visitenkarte zu haben, um elektropostalisch erreichbar zu sein. Über die Anzahl der E-Mails, die täglich oder monatlich verschickt werden, kann an dieser Stelle aus datenschutzrechtlichen Gründen keine genaue, allgemeingültige Angabe gemacht werden, aber nach einer kleinen empirischen Erhebung im persönlichen Umfeld der Autorin lässt sich festhalten, dass täglich etwa fünf E-Mails verschickt und sechs E-Mails empfangen werden.[4] Dass die Nutzung des Internet allgemein immer mehr an Bedeutung gewinnt und daher auch immer mehr E-Mails im Rahmen des meistgenutzten Dienstes des World Wide Web verschickt werden, lässt sich anhand

---

[4] In dieses arithmetische Mittel sind nur E-Mails von Privatpersonen an Privatpersonen eingegangen, denn die berufliche Nutzung von E-Mail soll zum Einen im Rahmen dieser Studie nur eine untergeordnete Rolle spielen, und zum Anderen würde die sicherlich höhere Nutzungsfrequenz in der betrieblichen E-Mail-Kommunikation die Werte verfälschen und sie – ähnlich wie Junkmails oder Newsletter, die ebenfalls nicht in den Durchschnitt eingegangen sind – in die Höhe treiben.

von Statistiken belegen. Betrachtet man die Verfügbarkeit von PCs mit Internetanschlüssen in Privathaushalten, so stellt man eine deutliche Zunahme dieses neuen Mediums in den letzten Jahren fest. Während 1998 nur 7,2% aller deutschen Haushalte Zugang zum Internet hatten, bestand 1999 bereits für fast jeden elften Haushalt diese Möglichkeit, und im letzten Jahr konnten immerhin 16,4% der Bundesbürger das World Wide Web von zu Hause aus nutzen.[5] Bei einer genaueren Untergliederung dieser Zahlen wird deutlich, dass das Medium vor allem in Arbeitnehmerhaushalten des früheren Bundesgebietes zu finden ist und es einen Zusammenhang zwischen der Anzahl der im Haushalt lebenden Personen und der Verfügbarkeit der neuen Medien zu geben scheint; je mehr Personen in einem Haushalt leben, desto wahrscheinlicher ist es, dass man ein Modem und Zugang zum Internet hat.[6] Es lässt sich also festhalten, dass das Internet eine immer größere Rolle in der heutigen Gesellschaft spielt, und da E-Mail bereits 1998 der meistgenutzte Dienst des Internet war[7], kann davon ausgegangen werden, dass in den letzten Jahren zusammen mit dem Anstieg der Internet-PCs auch der Verbreitungsgrad von E-Mail stetig zugenommen hat.

1.2 Die Entwicklungsgeschichte der E-Mail-Kommunikation

Die Entwicklung des Internet begann Mitte der 60er-Jahre des 20. Jahrhunderts damit, dass Paul Baran bzw. die Rand-Corporation vom US-amerikanischen Department of Defence (= DoD) den Auftrag erhielt, die Architektur für ein neues Netz des DoD zu entwickeln. Das wesentliche Charakteristikum dabei sollte eine möglichst hohe Ausfallsicherheit sein, um die Amerikaner in den Zeiten des Kalten Krieges für einen Konflikt mit der ehemaligen Sowjetunion zu wappnen; im Falle eines russischen Angriffs sollte nicht das gesamte Großrechnersystem des US-Verteidigungsministeriums ausfallen. Deshalb sah Baran statt zentraler Vermittlungsstellen dezentrale, vermittelnde Netzknoten vor und entwickelte dazu das Konzept der Paketvermittlung, das im Folgenden noch näher erläutert werden wird. 1968

[5] Vgl. Statistisches Bundesamt: LWR, Tabelle 1.
[6] Vgl. Statistisches Bundesamt: LWR, Tabelle 1 u. 2 sowie Ders.: EVS 1998, Kapitel 4.1.
[7] Vgl. Runkehl u. a.: Sprache und Kommunikation im Internet, S. 28.

schließlich wurden die Großrechner des Pentagon entsprechend der neuen Architektur zum ARPANET vernetzt. Nach und nach wurden auch die amerikanischen Universitäten in das Netz eingebunden, denn schließlich steht das Akronym ARPA für Advanced Research Project Agency, das heißt, über das Netz sollte eigentlich die Kommunikation im Bereich der Forschung abgewickelt werden, doch zunächst stand es fast ausschließlich im Dienste militärischer Auftragsforschung diente. Im Laufe der Zeit nutzten die Mitarbeiter der angeschlossenen Organisationen – insbesondere die der Universitäten – das Netz immer häufiger und intensiver als allgemeines Kommunikationsmittel. In den frühen 1970er-Jahren experimentierten schließlich zwei Programmierer von Bolt Beranek und Newman mit dem Versenden von persönlichen Nachrichten über das Netz, was als Geburtsstunde der E-Mail-Kommunikation anzusehen ist.[8]

1.3 Der technische Hintergrund der E-Mail-Kommunikation

Um die E-Mail-Kommunikation als Ganzes verstehen zu können, ist es unumgänglich, auch ihren technischen Hintergrund zu begreifen, da zum Beispiel die Übertragungsprotokolle nicht unerheblichen Einfluss auf die sprachliche und formale Gestaltung einer E-Mail haben können. Prinzipiell werden elektronische Nachrichten im Internet nach einem simplen Muster verteilt, das an dieser Stelle stark vereinfacht dargestellt werden soll, denn eine genaue Darstellung der Übertragungsabläufe findet sich am Ende des Kapitels 1.3.2:

1. Die Nachricht wird an den Mail-Server übergeben,
2. der Mail-Server nimmt Kontakt mit dem Rechner des Adressaten auf,
3. die Nachricht wird vom Mail-Server zum Zielrechner übertragen,
4. der Zielrechner übermittelt die Nachricht an den Adressaten.

Damit eine Kommunikation zwischen mehreren Rechnern überhaupt zu Stande kommen kann, müssen sich Sender und Empfänger beispielsweise bezüglich der verwendeten Zeichenträger einigen. Logische Regeln legen hierbei

[8] Vgl. Baron: Letters by phone, S. 140ff.

fest, wie Nachrichten aufgebaut sein müssen, und physikalische Regeln bestimmen die Art und Weise der Übertragung. Die Menge der logischen und physikalischen Regeln, nach denen eine Kommunikation abläuft, bezeichnet man im Zusammenhang der computervermittelten Kommunikation als Protokoll.[9]

1.3.1 Die Internet-Protokolle

Da das Internet aus vielen autonomen Netzwerken besteht, gibt es keine Organisation, die es leitet oder kontrolliert. Trotzdem existieren auf den verschiedenen Ebenen und Arbeitsgebieten internationale Organisationen, die die nationale und internationale Zusammenarbeit, zum Beispiel bezüglich der Protokolle, erleichtern sollen. Mit der Betreuung der Standardisierungsprozesse ist zur Zeit die informelle Organisation Internet Activities Board (= IAB) beauftragt, die für die Internet-Standards und die Betreuung der Request for Comments (= RFC) zuständig ist. Aber damit verschiedene Rechner unabhängig vom physikalischen Medium beim E-Mail-Transport miteinander kommunizieren können, wurden sogenannte Internet-Protokolle geschaffen, in denen Regeln und Steuerkommandos standardisiert sind.

Grundlage für jedes Internetprotokoll ist das 1974 entwickelte Transmission Control Protocol (= TCP). Das TCP sorgt dafür, dass die Protokolle eine gesicherte Verbindung zur Verfügung haben, ohne dass der Transportweg der Daten explizit angegeben werden muss. Die zu übertragenden Daten werden vom TCP in Pakete unterteilt, und jedes Paket wird mit einem Header versehen, der Angaben über die Paketsumme, die Prüfsumme usw. enthält. Auf der Empfängerseite sorgt das TCP dann wieder für die korrekte Zusammensetzung der Daten, wobei verlorengegangene oder zerstörte Pakete erneut angefordert werden können.[10]
Damit jedoch überhaupt eine Verbindung zwischen zwei Computern aufgebaut werden kann, benötigt man das Internet Protocol (= IP). Das IP ist dafür verantwortlich, die einzelnen Pakete über (unter Umständen verschie-

---

[9] Vgl. Gieseke: Das E-Mail Einmaleins, S. 47.
[10] Vgl. Schade: Dienste im Internet, S. 50f.

dene) Verbindungswege zum Empfänger zu leiten. Das IP fügt jedem Datagramm einen Header mit der Adresse des Empfängers hinzu, damit die beteiligten Vermittlungsrechner (= Router) das Paket zum richtigen Empfänger weiterleiten können.
Das TCP und das IP werden meist unter der Bezeichnung TCP/IP zusammengefasst und als gemeinsamer Name für die ganze Familie der Internetprotokolle verwendet.[11]

Für den Bereich der E-Mail-Kommunikation sind besonders das Simple Mail Transfer Protocol (= SMTP) und das Post Office Protocol (= POP) von Bedeutung.
Das SMTP ist eines der ältesten Protokolle, das auf dem Internet-Standard TCP/IP basiert, und wurde in der RFC 821[12] festgelegt. Seinem Namen gemäß besteht es nur aus wenigen Befehlen. Es reicht jedoch aus, um Nachrichten, die aus den ersten 128 Zeichen des American Standard Code of Information Interchange (= ASCII-Code) bestehen, zu einer anderen E-Mail-Adresse übertragen zu können. Zu beachten ist, dass das SMTP das 8. Bit eines Bytes auf Null setzen muss, da es auf den ASCII-Zeichensatz beschränkt ist. Folglich müssen Binärdateien wie Graphiken oder ausführbare Programme, die das achte Bit eines Bytes nutzen, vorher manuell mit einem geeigneten Hilfsprogramm wie uuencode von der 8-Bit-Darstellung auf die 7-Bit-Darstellung konvertiert werden, um übermittelt werden zu können. Auf der Empfängerseite muss dann ein entsprechendes Programm wie uudecode für die Rückkonvertierung sorgen. Außerdem müssen wegen dieser Begrenzung Sonderzeichen oder Umlaute vermieden werden, damit der Empfänger keine verstümmelte Nachricht erhält, da das SMTP alle Zeichen, die nicht im ASCII-Zeichensatz vorkommen, entweder durch ASCII-Zeichen ersetzt oder schlicht unterdrückt.

---

[11] Vgl. Schade: Dienste im Internet, S. 50f.
[12] Die Request for Comments (= RFC) sind Schriftstücke, mittels derer die Engineering Taskforce (= IETF) Vorschläge und Informationen veröffentlicht. Die Dokumente der RFC-Serie dienen jeweils als Arbeitspapier für die Gemeinschaft der Internet-Entwickler und können thematisch jedes Gebiet der Computerkommunikation behandeln. Der Status eines Papiers kann von einem einfachen Informationspapier bis hin zur Spezifikation eines Standards variieren. (Vgl. Schwartz: Managing Mailing Lists, S. 3.) Sämtliche RFCs können im Internet via ftp abgerufen werden.

Um diese doch gravierenden Einschränkungen aufzuheben, wurde die Multipurpose Internet Mail Extension (= MIME) entwickelt und in den RFCs 2045-2049 standardisiert. Das SMTP wurde jedoch nicht ersetzt, sondern lediglich um moderne Fähigkeiten erweitert. Um das Problem der Sonderzeichen und Umlaute zu lösen, bedient sich MIME des quoted printable encoding. Bei dieser Methode wird vor dem Versand einer E-Mail jedes Sonderzeichen durch einen Code ersetzt, der aus drei ASCII-Zeichen besteht (zum Beispiel <ä> durch =3f). Auf der Empfängerseite werden diese ASCII-Codes dann wieder in die entsprechenden Sonderzeichen oder Umlaute rückübersetzt. Binäre Dateien müssen dank MIME auch nicht mehr von Hand verschlüsselt werden, sondern dies wird vom E-Mail-Programm mittlerweile automatisch übernommen. Damit das empfangende E-Mail-Programm weiß, um welche Art Anhang es sich handelt, werden im Header verschiedene Bezeichnungen (= Label) über den Inhalt (= Content type) gemacht. So steht zum Beispiel ‚text' für einfachen Text, ‚image' für Bilder und Graphiken, ‚audio' für Tondateien oder ‚multipart' für verschiedene Arten von Inhalten innerhalb einer Nachricht.[13]

Im Gegensatz zum SMTP, das für den Transport der E-Mails zum Empfänger zuständig ist, regelt das Post Office Protocol (= POP) den Nachrichtenaustausch zwischen Rechnern, die nicht ständig online sind, und hilft, E-Mails beispielsweise am heimischen PC zu empfangen. Der Internet-Rechner eines Providers stellt hierfür einen POP-Account in Form einer E-Mail-Adresse zur Verfügung, nimmt alle eingehenden Nachrichten per SMTP entgegen, speichert sie und lässt im Hintergrund ständig ein POP-Server-Programm laufen. Um die E-Mails abzurufen, muss nun eine Verbindung zum POP-Server via Modem und Telefonleitung o. Ä. aufgebaut werden, und die eingegangenen Nachrichten werden dann auf dem heimischen PC gespeichert. Das POP-Verfahren unterstützt insbesondere die Offline-Verarbeitung von E-Mails, da mit einer kürzeren und deshalb preiswerteren Verbindung alle relevanten Daten auf einem lokalen Rechner gespeichert werden, und ist deswegen das am häufigsten in Anspruch genommene Übertragungsverfahren.

[13] Vgl. Schwartz: Managing Mailing Lists, S. 5f.

1.3.2 Die Teilnahme an der E-Mail-Kommunikation

Um an der Kommunikation via E-Mail partizipieren zu können, benötigt man prinzipiell nur einen Computer samt Modem, eine Telefonleitung, einen Internetbrowser und einen Provider, über den man Zugang zum Internet hat. Um Nachrichten senden und empfangen zu können, muss man zusätzlich über einen virtuellen Briefkasten (= Mailbox) verfügen. Eine eigene Mailbox kann binnen weniger Minuten bei einem sogenannten Free-Mail-Anbieter des World Wide Web (zum Beispiel GMX, Hotmail, web.de-freemail etc.) eingerichtet werden. Dazu muss man im Internet einen Antrag für einen E-Mail-Account ausfüllen, wählt dort einen Usernamen sowie ein Passwort aus, damit sich niemand unberechtigten Zugang zur Mailbox verschaffen kann, und erhält eine individuelle E-Mail-Adresse ganz nach seinen Vorstellungen – entweder mit dem Real- oder auch mit einem Phantasienamen (zum Beispiel yvonne.beutner@web.de oder aber person_unbekannt@hotmail.com). Die E-Mail-Adresse ist eindeutig und einzigartig. An erster Stelle steht das Postfach des Besitzers in Form eines Namens, einer Zahl o. Ä., gefolgt von dem Sonderzeichen ‚@' (gesprochen [æt])[14] und der IP-Adresse des POP-/IMAP-Servers. Eine E-Mail-Adresse folgt also immer folgendem Schema: Benutzername@IP-Adresse. Vom E-Mail-Anbieter wird nach der erfolgreichen Anmeldung meist unverzüglich eine Mailbox auf einem POP-/IMAP-Server eingerichtet, und man erhält Zugriffsrechte auf einen SMTP-Server, um Nachrichten versenden zu können.

Beim Schreiben einer E-Mail werden die notwendigen Angaben wie Empfänger, Betreff etc. von modernen mail user agents (= MUA) wie Eudora, Microsoft Outlook, Netscape Communicator oder ähnlichen Programmen

[14] Der Ursprung dieses Sonderzeichens ist umstritten, aber die Benennung in anderen Sprachen ist sehr interessant. Auffällig dabei ist die Vielzahl der Tierbezeichnungen. In Deutschland heißt es meistens *Klammeraffe*, aber die Liste lässt sich von der *Schnecke* über das *Entchen* bis zum *Sauschwanz* in Dänemark oder dem *Affenschwanz* in den Niederlanden sowie der *Kleinen Maus* bzw. dem *Mäuschen* in Taiwan fortführen. Eine interessante Abhandlung von Karen Steffen Chung zu diesem Thema findet sich unter http://www.emich.edu/~linguist/issues/html/7-986.html.

interaktiv, Zeile für Zeile über eine vordefinierte Maske oder mit Hilfe einer Art Frage-/Antwortschema ermittelt.

Zunächst muss die E-Mail-Adresse des Empfängers eingegeben oder jemanden aus dem Adressbuch ausgewählt werden. Die eigene E-Mail-Kennung hingegen wird automatisch eingefügt, so dass Anonymität auf dieser Ebene ausgeschlossen ist.[15] Als nächstes kann man auswählen, ob die Nachricht noch an weitere Personen gesendet werden soll, und muss sich dabei zwischen der Carbon Copy (= CC) – einer Kopie, bei der die Empfänger die anderen Mitempfänger sehen können – und der Blind Carbon Copy (= BCC) – einer Art Durchschlag, bei der nur der erste Mitempfänger angezeigt wird – entscheiden. Als letzten Schritt vor der eigentlichen Texteingabe besteht die Möglichkeit, einen Anhang (= Attachment) – zum Beispiel ein Bild, ein Video, ein Tondokument, ein Programm o. Ä. – der E-Mail beizufügen, und im Anschluss daran kann der eigentliche Nachrichtentext geschrieben werden.

Nach Beendigung der Texteingabe und der Betätigung des Sende-Buttons wird die Nachricht automatisch vom MUA an den mail transport agent (= MTA) weitergeleitet. Der eigene MTA stellt daraufhin eine Verbindung mit dem MTA des Zielrechners her und übermittelt die E-Mail nach dem store-and-forward-Prinzip, dem Prinzip des Zwischenspeicherns und Weiterleitens.[16] Zur besseren Übersichtlichkeit sei der Übertragungsweg einer E-Mail vom Sender zum Empfänger unter Zuhilfenahme der verschiedenen Protokolle in folgendem Schaubild nochmals schematisch zusammengefasst:

[15] Allerdings wird im weiteren Verlauf dieser Studie belegt werden, dass komplette Anonymität im Bereich der E-Mail-Kommunikation dennoch auf anderen Wegen realisierbar ist.

[16] Vgl. Schwartz: Managing Mailing Lists, S. 6f.

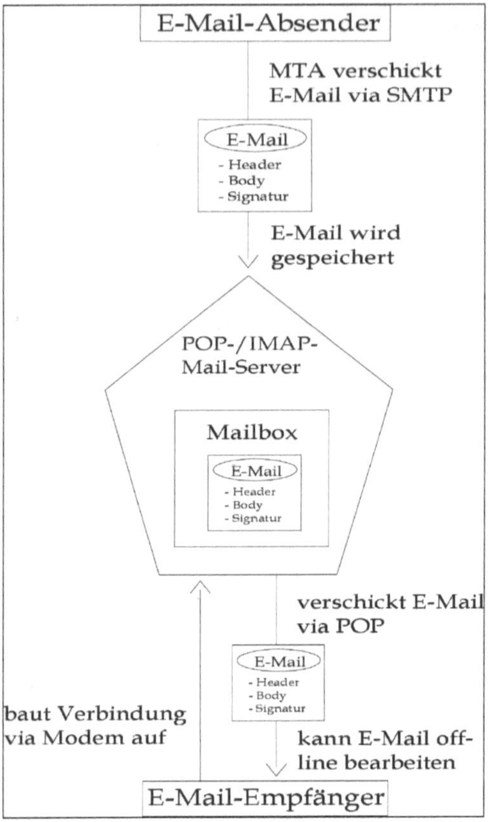

Abb. 1: Sendeprinzip

Bevor man sich jedoch dazu entschließt, eine E-Mail zu versenden, sollte man sich über folgende Punkte Gedanken machen: Da man E-Mails zu beliebiger Zeit lesen kann, wäre es möglich, dass der Empfänger dem Inhalt nicht die volle Aufmerksamkeit widmet, sondern sich nebenher noch mit anderen Dingen beschäftigt. Des Weiteren gilt es zu bedenken, wie oft der Empfänger seine Mailbox abfragt, da sonst wichtige Informationen womöglich zu spät gelesen werden könnten. Ferner ist die Kommunikation via E-Mail recht anonym und unaufdringlich, denn der Sender stört niemanden mit seinem Anruf oder Erscheinen. Auf jeden Fall aber sollte geprüft werden, ob es überhaupt üblich ist, in der gegebenen Situation mit gerade dieser Person via E-Mail in Kontakt zu treten. Manche Leute kommunizieren gerne und viel per elektronische

Post, aber andere wiederum hegen eine Abneigung gegenüber diesem neuen Medium und benutzen es nur in den dringendsten Fällen. Man sollte also auf jeden Fall die Rahmenbedingungen beachten und das eigene Kommunikationsverhalten dementsprechend anpassen.

1.4 Der strukturelle Aufbau einer E-Mail

Eine E-Mail besteht im Normalfall aus drei Teilen: Dem Kopf (= Header), dem Hauptteil (= Body) und dem Schluss (= Signatur), wobei die ersten beiden Komponenten immer vorhanden sind, die Signatur jedoch nicht zwingend erforderlich ist.

Der Header enthält Informationen über den Absender, den Betreff und den Versandzeitpunkt der Nachricht sowie eventuell über den Weg, den die E-Mail im Internet durchlaufen hat; bei den meisten Mail-Programmen wird in der Standardansicht allerdings nur ein verkürzter Header (Abb. 2a) aufgerufen, in dem lediglich Angaben über den Betreff, den Empfänger, den Absender und den Versandzeitpunkt der E-Mail gemacht werden.

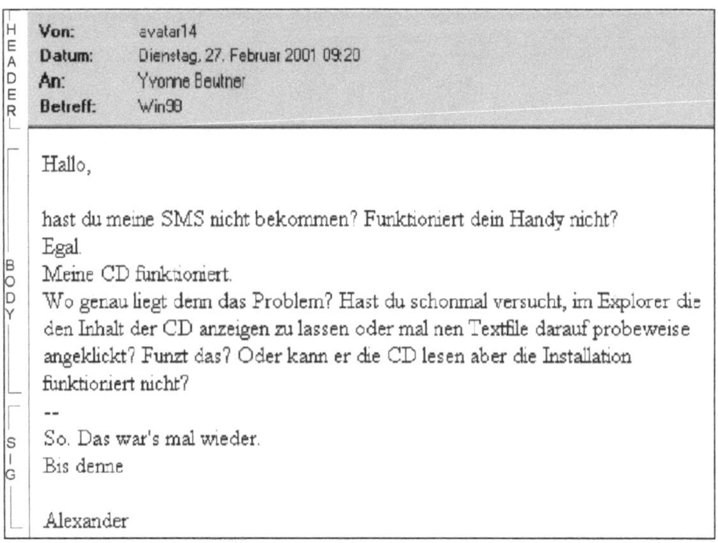

Abb. 2a: Standard-Header

Einen detaillierteren Header mit Details (Abb. 2b) muss man sich in der Regel über eine Zusatzoption anzeigen lassen. Bei solch einer erweiterten Darstellung, die den genauen Transportweg der E-Mail von Sender zum Empfänger mit den dazwischen liegenden Transportrechnern anzeigt, kann es passieren, dass der Umfang des Headers den des Bodys übersteigt, wie man an folgendem Beispiel sehen kann:

HEADER

```
Received: from rs08.hrz.uni-essen.de (rs08.hrz.uni-essen.de [132.252.184.8])
      by sp113.power.uni-essen.de (AIX4.3/8.9.3/8.9.3) with ESMTP id IAA34532
      for <s10877@student.power.uni-essen.de>; Tue, 27 Feb 2001 08:23:49 +0100
Received: from mail.gmx.net (pop.gmx.net [194.221.183.20])
      by rs08.hrz.uni-essen.de (AIX4.3/8.9.3/8.9.3) with SMTP id IAA45396
      for <yvonne.beutner@uni-essen.de>; Tue, 27 Feb 2001 08:23:49 +0100
Received: (qmail 9589 invoked by uid 0); 27 Feb 2001 07:23:46 -0000
Received: from u-214-17.essen.ipdial.viaginterkom.de (HELO avatar) (62.180.17.214)
  by mail.gmx.net (mp010-rz3) with SMTP; 27 Feb 2001 07:23:46 -0000
Message-ID: <00d301c0a08d$d7cf64e0$0700a8c0@avatar>
From: "avatar14" <avatar14@gmx.de>
To: "Yvonne Beutner" <yvonne.beutner@uni-essen.de>
Subject: Win98
Date: Tue, 27 Feb 2001 08:20:55 +0100
MIME-Version: 1.0
Content-Type: text/plain;
      charset="iso-8859-1"
Content-Transfer-Encoding: 7bit
X-Priority: 3
X-MSMail-Priority: Normal
X-Mailer: Microsoft Outlook Express 5.00.2919.6600
X-MimeOLE: Produced By Microsoft MimeOLE V5.00.2919.6600
Status: RO
```

BODY

```
Hallo,

hast du meine SMS nicht bekommen? Funktioniert dein Handy nicht?
Egal.
Meine CD funktioniert.
Wo genau liegt denn das Problem? Hast du schonmal versucht, im Explorer die
den Inhalt der CD anzeigen zu lassen oder mal nen Textfile darauf probeweise
angeklickt? Funzt das? Oder kann er die CD lesen aber die Installation
funktioniert nicht?
```

SIG

```
--
So. Das war's mal wieder.
Bis denne

Alexander
```

Abb. 2b: Erweiterter Header

Zuerst wird in der Standardansicht der Absender der E-Mail genannt; das kann entweder in Form der kompletten E-Mail-Adresse geschehen, es kann sich ferner um einen Phantasienamen handeln, oder aber der Realname wird angezeigt. Diese Anzeige wird allein durch den Absender bestimmt, denn er muss in seinem MUA festlegen, welche Identitätsmerkmale er im Header einer E-Mail übermitteln will. In der nächsten Zeile wird der exakte Zeitpunkt mit Datum und Uhrzeit genannt, wann die Nachricht in die Mailbox des Empfängers überstellt wurde – es ist nicht der Moment, in dem die Nachricht erstellt wurde oder der Absender sie an seinen MTA weitergeleitet hat. Möchte man den genauen Versandzeitpunkt wissen, so gibt nur die Detailansicht darüber Auskunft, denn nur ihr können die genauen Übermittlungsinformationen entnommen werden, so dass auch eventuelle Zeitverschiebungen aufgrund der Zeitangabe in Greenwich Time eingesehen und diese dann gegebenenfalls umgerechnet werden können. Probleme können sich allerdings ergeben, wenn die Systemzeituhren falsch eingestellt sind, denn daraus resultieren Verfälschungen bezüglich der Datierung. Die nächste Angabe des Headers liefert Auskunft über den Empfänger der E-Mail, wobei hinsichtlich des Real- oder eines Phantasienamens Ähnliches gilt wie bei der Absenderanzeige, denn wenn der Absender in seinem Adressbuch den Real- oder Phantasienamen des Empfängers eingespeichert hat, so wird dieser auch im Header angezeigt. Anderenfalls ist nur die von ihm eingegebene E-Mail-Adresse zu erkennen. Als letzte Auskunft ist dem Header jeder E-Mail das subject, also der Betreff der Nachricht zu entnehmen, der vom Absender frei gewählt oder auch gänzlich weggelassen werden kann. Das subject ist meist ein sachlicher Kurzhinweis, der bei einer ersten Einsichtnahme der Mailbox eine thematische Orientierung ermöglichen soll. Durch das subject, das dem Betreff in herkömmlichen Briefen nachempfunden ist, können aufschlussreiche inter- und intratextuelle Bezüge entstehen, indem man bei Antworten den Betreff nicht ändert und vom MUA nur ein Re davorstellen lässt, aber auf den Aspekt der Dialogizität in der E-Mail-Kommunikation wird in Kapitel 3.1.2 noch näher eingegangen. Wenn der Absender seiner Nachricht noch einen Anhang beigefügt hat, so enthält der Header als Zusatzinformation noch Angaben über den Dateinamen und die Größe des Attachments.

Nach diesen zentralen Informationen des Headers folgt der Body, das heißt der eigentliche Nachrichtentext, der in der obigen Abbildung 2 deutlich vom Header abgesetzt ist. In diesem Hauptteil der E-Mail findet die Informationsübermittlung statt. Eine Besonderheit der E-Mail-Kommunikation ist hierbei das sogenannte Quoting, das heißt, man kann zur Verdeutlichung der Zusammenhänge entweder zwischen Teilen der Ursprungsnachricht schreiben oder aber die gesamte Nachricht, auf die man sich bezieht, seiner Antwort vor- oder nachstellen. Bei einer Antwort wird vom MUA meist ein Re oder eventuell auch ein AW eingefügt, um dem Empfänger deutlich zu machen, dass es sich um eine Antwort auf eine vorausgegangene E-Mail mit dem gleichen Betreff handelt. Um das Zeilenquoting hervorzuheben, wird vom MUA vor die entsprechenden übernommenen Zeilen ein nicht-alphanumerisches Sonderzeichen eingefügt, wobei es sich in den meisten Fällen um einen Pfeil (>) handelt. Es ist jedoch besser, nicht den gesamten Text der Bezugsnachricht in seine Antwort zu übernehmen, sondern sich auf die Stellen zu beschränken, die für das Verständnis unabdingbar sind, denn das Quoting der gesamten E-Mail-Korrespondenz würde den Empfänger einerseits viel unnötige Lesezeit kosten – was dem Vorteil der schnellen Information durch E-Mail entgegenstünde –, und andererseits würden durch zu große Datenmengen die Internetleitungen zu sehr belastet und somit die Übertragungsgeschwindigkeit reduziert.[17] Am Ende des Bodys kann man optional eine separat gespeicherte Signatur automatisch vom E-Mail-Client einfügen lassen, die meist typographisch durch zwei Spiegelstriche vom Body abgegrenzt ist. Bei diesem Signum des Absenders kann es sich um eine Kontaktadresse, Sprüche oder auch um kleine ASCII-Art-Bilder handeln, aber auch dieser Aspekt der sozialen Komponente innerhalb der E-Mail-Kommunikation verdient eine genauere Untersuchung, und an dieser Stelle sei auf das Kapitel 3.6 verwiesen. Bei sogenannten Free-Mail-Programmen ist es häufig der Fall, dass nach der Signatur automatisch noch eine weitere Zeile mit Werbung angehängt wird, durch die sich der kostenlose E-Mail-Dienst finanziert und die man nicht ausblenden kann. Hinsichtlich des Signaturgebrauchs in E-Mails scheint eine Untersuchung von Sherblom in einem amerikanischen Unternehmen interessant. Er wollte herausfinden, ob die Signatur als metasprachliches Element anzusehen sei, das die hierarchische und kommunikative Stellung zwischen Sender und Empfänger widerspiegelt. Die Studie hat ergeben, dass der Gebrauch einer Signatur tatsächlich von der sozialen Position der Kommunikationspartner abhängig ist; bei Nachrichten, die die Hierarchieebene hinauf geschickt wurden, fand sich in jedem dritten Fall eine Signatur, wohingegen keine der Nachrichten eine Signatur aufwies, die die Hierarchieebene hinab geschickt wurden. Ähnlich scheint es sich hinsichtlich firmeninterner und –externer Kommunikation zu verhalten, denn hier lässt sich laut Sherblom folgende These formulieren: Je formaler die E-Mail, desto

[17] Vgl. Runkehl u. a.: Sprache und Kommunikation im Internet, S. 33.

wahrscheinlicher ist auch der Gebrauch einer Signatur[18]. Die bereits 1988 festgehaltenen Ergebnisse lassen sich durch das dieser Studie zu Grunde liegende Korpus jedoch weder stützen noch widerlegen, da es aufgrund der überwiegend privaten Kommunikationssituationen unmöglich ist, von Hierarchieebenen zu sprechen, und die wenigen beruflichen E-Mails, die Eingang in das Korpus fanden, reichen für eine aussagekräftige Analyse nicht aus, so dass dieser Themenkomplex einer weitergehenden Untersuchung bedarf. Es bleibt also zu klären, ob Sherbloms Ergebnisse hinsichtlich des Signaturgebrauchs darin begründet liegen, dass sich die Gewohnheiten der E-Mail-Nutzer in 13 Jahren gewandelt haben, oder ob es sich bei dem von ihm beobachteten Phänomen um eine Besonderheit der amerikanischen Firmenkommunikation handelt.

2. Die Medienwahl

Selbstverständlich bieten neue Medien eine Reihe von Vorteilen, aber man sollte auch die Nachteile unberücksichtigt lassen. Es gilt, Pro und Contra gegeneinander abzuwägen, bevor ein endgültiges Urteil gefällt werden kann. Im Folgenden sollen nun die Vor- und Nachteile der E-Mail-Kommunikation gegenübergestellt werden, ohne jedoch eine abschließende Wertung vorzunehmen.

2.1 Die Vorteile der E-Mail-Kommunikation

Es besteht kein Zweifel darüber, dass das verhältnismäßig neue Kommunikationsmedium E-Mail dem Nutzer eine Reihe von Vorteilen zu bieten vermag. Spengler-Rast und Kampen diversifizieren den Nutzen noch genauer hinsichtlich der Funktionsorientierung, der Ablauforientierung sowie dem persönlichen und dem strategischen Nutzen[19], wobei die folgende Liste eine generelle Übersicht zu den positiven Aspekten der E-Mail-Kommunikation im

---

[18] Vgl. J. Sherblom.: Direction, function, and signature in electronic mail. In: Journal of Business Communication, Bd. 25 (1988), S. 39-54; zit. n.: Baron: Letters by phone, S. 148f.

[19] Vgl. Spengler-Rast/Kampen: Perspektiven und Probleme computergestützter Kommunikation, S. 63-66.

Vergleich mit der brieflichen Kommunikation, einem persönlichen Gespräch, einem Fax oder einem Telefonat bieten soll.[20]

a) Elektronische Nachrichten werden meist wesentlich schneller übermittelt, als die klassische Post dies bei normalen Briefsendungen oder sogar bei Telegrammen zu tun vermag. Nationale E-Mails werden binnen weniger Minuten an den Empfänger weitergeleitet, und Nachrichten in einem Intranet benötigen gar nur wenige Sekunden. Auch interkontinentale E-Mails erreichen ihren Bestimmungsort in den meisten Fällen nach nur wenigen Stunden. Vorausgesetzt wird hierbei jedoch, dass sämtliche Zwischenstationen, die die Nachrichten durchlaufen müssen, fehlerfrei arbeiten und somit keine Verzögerung aufgrund eines technischen Defekts beim Übertragungsweg auftritt.

b) Die E-Mail-Kommunikation birgt einen großen Faktor der Unabhängigkeit in sich. Nachrichten können mit der entsprechenden Hardware jederzeit von jedem Ort aus über Telefonleitung und Modem abgerufen werden. Man ist nicht auf die Zustellung durch einen Postboten angewiesen, der gewöhnlich nur einmal am Tag und an Sonn- und Feiertagen niemals kommt.

c) Anders als bei einem Telefonanruf kann der Empfänger selbst entscheiden, wann er die Nachricht entgegennehmen möchte. Bei der E-Mail-Kommunikation findet eine zeitliche Entkopplung der Interaktion statt, und der Absender braucht sich folglich keine Gedanken darüber zu machen, ob er seinen gewünschten Kommunikationspartner durch sein Anliegen eventuell stören könnte. Der Grad der persönlichen Flexibilität steigt enorm an. Die Mailbox übernimmt dann so etwas wie die Funktion eines Anrufbeantworters, den man zu gegebener Zeit abfragen kann.[21] Besonders bei einer Kommunikation über verschiedene Zeitzonen hinweg stellt dieser Aspekt einen enormen Vorteil gegenüber dem Telefon dar, weil man tagsüber eine E-Mail verschicken kann und vielleicht schon am nächsten Morgen eine Antwort in seinem elektronischen Briefkasten vor-

---

[20] Vgl. Runkehl u. a.: Sprache und Kommunikation im Internet, S. 28.
[21] Vgl. Janich: Electronic Mail, S. 251.

findet, ohne dass einer der Kommunikationspartner sich den Arbeitszeiten des anderen hätte anpassen müssen.

d) Durch die Aktivierung der Sendebestätigungsoption kann sich der Absender Gewissheit zum Einen darüber verschaffen, dass seine Mail wirklich angekommen ist, und zum Anderen, dass der Empfänger sie gelesen hat und wann er dies getan hat.

e) Verfügt man über entsprechende Text-to-speech-Software, so kann man sich seine eingegangenen E-Mails von einer synthetisch erzeugten Stimme vorlesen lassen, so dass auch Sehbehinderte problemlos an der E-Mail-Kommunikation partizipieren können.

f) In der Regel ist der Versand von E-Mails billiger als das Verschicken traditioneller Briefe, da lediglich Telefon- bzw. Online-Gebühren bezahlt werden müssen, wobei es mittlerweile sogar Provider gibt, die einen vollständig kostenfreien, durch Werbung finanzierten Internet-Zugang anbieten. Außerdem kann man im Sinne der Kostendämpfung seine Nachrichten im Offline-Modus verfassen, sie speichern und erst später versenden, so dass lediglich für die Übertragungsdauer der E-Mails zum POP-/IMAP-Server eine Verbindung mit dem Internet hergestellt werden muss, wobei der Zeitraum für das Versenden einer einfachen Textnachricht ohne Anhang im Sekundenbereich liegt.

g) Durch Funktionen wie Carbon Copy (= BCC) (Abb. 3) oder Blind Carbon Copy (= CC) (Abb. 4) kann man eine Nachricht durch einen einfachen Klick im Stil eines Serienbriefes bequem an mehrere Empfänger gleichzeitig senden. Die CC ist eine Art Durchschlag, bei dem die Empfänger in der Adresszeile die E-Mail-Adressen aller weiteren Empfänger sehen können.

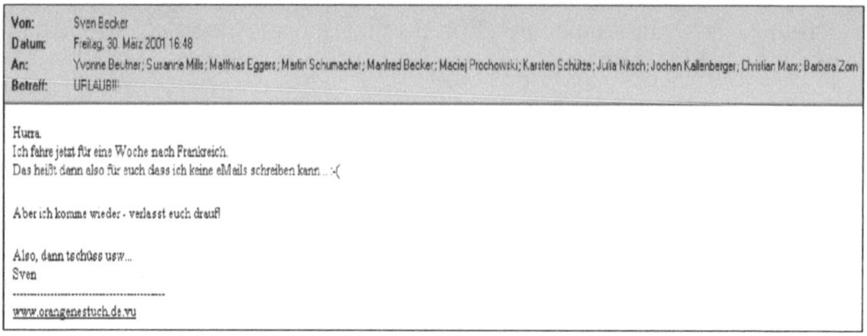

Von: Sven Becker
Datum: Freitag, 30. März 2001 16:48
An: Yvonne Beutner; Susanne Mills; Matthias Eggers; Martin Schumacher; Manfred Becker; Maciej Prochowski; Karsten Schütze; Julia Nitsch; Jochen Kallenberger; Christian Marx; Barbara Zorn
Betreff: URLAUB!!!

Hurra.
Ich fahre jetzt für eine Woche nach Frankreich.
Das heißt dann also für euch dass ich keine eMails schreiben kann... :-(

Aber ich komme wieder - verlasst euch drauf!

Also, dann tschüss usw...
Sven
----
www.orangenestuch.de.vu

Abb. 3: Carbon Copy

Bei der BCC handelt es sich um einen mehr oder weniger verdeckten Rundbrief. Man kann zwar nur einen einzigen Empfänger in der Adresszeile ausmachen, aber wenn diese Adresse nicht mit der eigenen übereinstimmt, ist es einsichtig, dass es sich bei der vorliegenden Nachricht um eine BCC handeln muss. Im Gegensatz zur CC gibt der Absender bei der BCC jedoch nicht zu erkennen, wie viele andere Personen die Nachricht ebenfalls erhalten haben, und vor allem gibt er so keine E-Mail-Adressen an Dritte weiter.

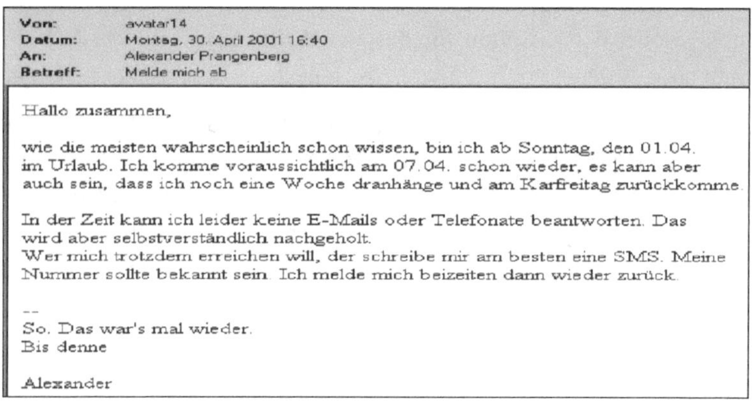

Von: avatar14
Datum: Montag, 30. April 2001 16:40
An: Alexander Prangenberg
Betreff: Melde mich ab

Hallo zusammen,

wie die meisten wahrscheinlich schon wissen, bin ich ab Sonntag, den 01.04.
im Urlaub. Ich komme voraussichtlich am 07.04. schon wieder, es kann aber
auch sein, dass ich noch eine Woche dranhänge und am Karfreitag zurückkomme.

In der Zeit kann ich leider keine E-Mails oder Telefonate beantworten. Das
wird aber selbstverständlich nachgeholt.
Wer mich trotzdem erreichen will, der schreibe mir am besten eine SMS. Meine
Nummer sollte bekannt sein. Ich melde mich beizeiten dann wieder zurück.

--
So. Das war's mal wieder.
Bis denne

Alexander

Abb. 4: Blind Carbon Copy

h) Durch das Quoting, bei dem man Teile der ursprünglichen Nachricht in seine Antwort übernimmt, kann ein klarer Bezug zur vorhergegangenen Nachricht erstellt werden. Die somit parallel dargestellte Dialogizität verursacht nur geringen Aufwand, aber erleichtert es den Kommunikationspartnern, die einzelnen Turns zu überblicken. In der Regel werden solche Antworten durch ein Re oder AW in der Betreffzeile gekennzeichnet, und die übernommenen Zeilen werden durch einen Pfeil (>) kenntlich gemacht.

i) Soll eine E-Mail an eine andere Person weitergeleitet werden, so erfordert dies nur wenige Arbeitsschritte. Der nächste Empfänger erkennt dann an dem Zusatz Fw oder WG in der Betreffzeile, dass es sich bei dieser Nachricht um eine weitergeleitete Kopie einer anderen E-Mail handelt. Man kann der weitergeleiteten Nachricht selber noch ein paar Zeilen voranstellen, und die E-Mail, die man jemandem zukommen lassen möchte, folgt nach dem Hinweis ‚Ursprüngliche Nachricht von' mit den wichtigsten Eckdaten der kopierten E-Mail.

Von: Sabine Reitz
Datum: Montag, 23. Juli 2001 16:01
An: Yvonne Beutner
Betreff: WG: Was zum Schmunzeln...

Was Sportler und welche, die öfters mit Sportlern zu tun haben, so von sich geben...

Liebe Grüße,

Sabine

-----Ursprüngliche Nachricht-----
Von: Ralf Siegel [mailto:ralf@siegelonline.de]
Gesendet: Montag, 23. Juli 2001 13:53
An: brueggemann@viaone.de; uli@siegelonline.de; Wolfgang Siegel; Sabine Reitz; Robert Voll
Betreff: Was zum Schmunzeln...

Harald Schmidt:
Glückwunsch an Ralf Schumacher! Ich glaube, das letzte Mal, dass ein deutscher Fahrer mit einem deutschen Motor gewonnen hat, war der Rommel

Michael Johnson (der 400-m-Olympiasieger, als er im Rahmen der ARD-Sportgala als weltbester internationaler Athlet des Jahres 2000 ausgezeichnet wurde) Ich hoffe, dass diese Wahl endgültig ist und die Stimmen nicht noch mal ausgezählt werden müssen. In meinem Land ist das nämlich so üblich

Paul Haarhuis Der Rasen ist für Fußballer gemacht, für Kühe und für Boris Becker

Abb. 5: Weitergeleitete E-Mail

j) Da es sich bei E-Mails um elektronische Kommunikation handelt, lassen sich große Aktenstapel vermeiden. Man kann die Nachrichten bequem im Computer archivieren und spart so Zeit, Geld und Raum. Allerdings scheint es heutzutage noch verbreitet zu sein, dass viele Menschen diesen

Vorteil noch nicht nutzen (wollen), denn in vielen Firmen werden E-Mails ausgedruckt und wie herkömmliche Briefe abgeheftet, so dass dieser eigentliche Vorteil der elektronischen Post zunichte gemacht wird.

k) Aufgrund der Einbindung in einen multimedialen Kontext lassen sich E-Mails problemlos digital weiterverarbeiten. Man kann beliebige Versatzstücke aus Nachrichten herauskopieren und mit Texteditoren oder anderen Computerprogrammen bearbeiten, ohne dass die Nachrichten vorher zu Papier gebracht werden müssen.

l) Durch die Einfügung entsprechender Hyperlinks innerhalb einer E-Mail kann der Empfänger problemlos auf Interneteiten gelangen, ohne die gesamte Internetadresse (= URL) abtippen zu müssen. Hyperlinks sind meist blau unterstrichene Textzeilen, und bei der Berührung mit dem Mauszeiger ändert sich dessen Form, so dass man einer dritten Person durch das bloße Anklicken eines Links eine E-Mail schreiben, Querverweise innerhalb des Textes setzen oder andere Informationstypen wie Bild, Ton etc. integrieren kann. Durch diesen offenen und multiplen Hypertext wird der hermetische Textbegriff mit seinen linearen Sequenzierungen zugunsten eines Textbegriffs mit rhizomatisch verzweigenden Links gesprengt. Dadurch löst sich die klassische Leseperspektive auf, da der Leser beliebig im Text springen oder ihn sogar ganz verlassen kann. Eine E-Mail muss damit nicht nur schriftbasiert bleiben, sondern bietet eine Vielzahl von Kombinationsmöglichkeiten, die eine neue Form des multimedialen Textes konstituiert.[22]

---

[22] Vgl. Schlobinski: Neues Medium, S. 6f.

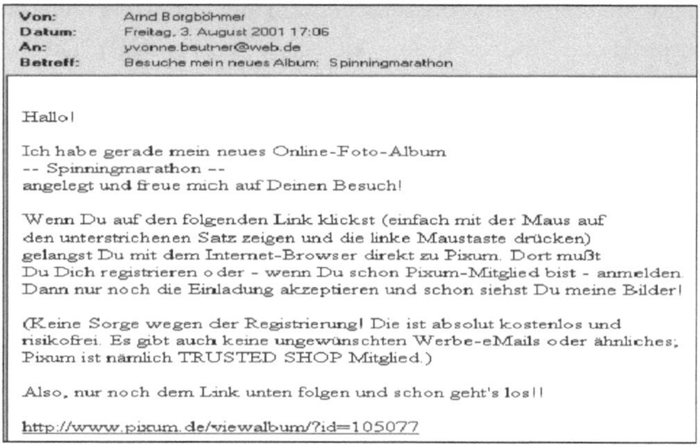

Von: Arnd Borgböhmer
Datum: Freitag, 3. August 2001 17:06
An: yvonne.beutner@web.de
Betreff: Besuche mein neues Album: Spinningmarathon

Hallo!

Ich habe gerade mein neues Online-Foto-Album
-- Spinningmarathon --
angelegt und freue mich auf Deinen Besuch!

Wenn Du auf den folgenden Link klickst (einfach mit der Maus auf
den unterstrichenen Satz zeigen und die linke Maustaste drücken)
gelangst Du mit dem Internet-Browser direkt zu Pixum. Dort mußt
Du Dich registrieren oder - wenn Du schon Pixum-Mitglied bist - anmelden.
Dann nur noch die Einladung akzeptieren und schon siehst Du meine Bilder!

(Keine Sorge wegen der Registrierung! Die ist absolut kostenlos und
risikofrei. Es gibt auch keine ungewünschten Werbe-eMails oder ähnliches;
Pixum ist nämlich TRUSTED SHOP Mitglied.)

Also, nur noch dem Link unten folgen und schon geht's los!!

http://www.pixum.de/viewalbum/?id=105077

Abb. 6: Hyperlink-E-Mail

m) Im Gegensatz zum herkömmlichen Brief kann man neben dem eigentlichen Text auch andere Formate, zum Beispiel Tondateien, Bilder, Videos oder Textdokumente, zusammen mit einer E-Mail als Anhang (= Attachment) versenden, ohne ein weiteres Medium wie Audiokassette o. Ä. in Anspruch nehmen zu müssen. Der Header bietet dann neben den üblichen Angaben über Absender, Betreff und Versandzeitpunkt auch eine Information über den Namen und die Größe des Dateianhangs.

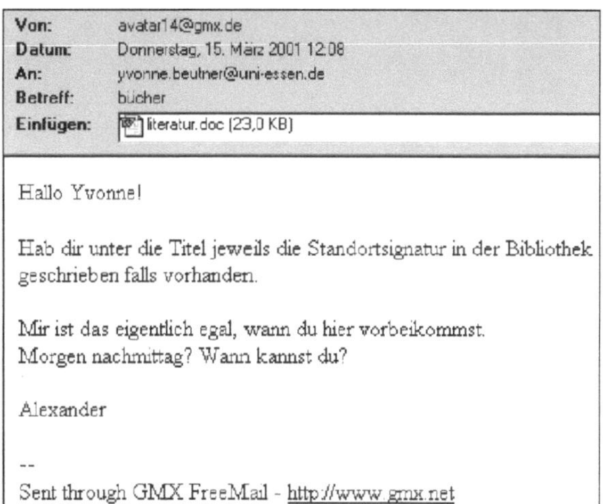

Von: avatar14@gmx.de
Datum: Donnerstag, 15. März 2001 12:08
An: yvonne.beutner@uni-essen.de
Betreff: bücher
Einfügen: literatur.doc (23,0 KB)

Hallo Yvonne!

Hab dir unter die Titel jeweils die Standortsignatur in der Bibliothek
geschrieben falls vorhanden.

Mir ist das eigentlich egal, wann du hier vorbeikommst.
Morgen nachmittag? Wann kannst du?

Alexander

--
Sent through GMX FreeMail - http://www.gmx.net

Abb. 7: Attachment-E-Mail

n) Über Mailing Lists oder Newsgroups kann man sich im Stile eines Abonnements automatisch Informationen zu einem bestimmten Thema zukommen lassen bzw. an andere – zum Teil unbekannte – Menschen versenden. Man trägt sich in eine automatisierte Verteilerliste ein und erhält in regelmäßigen Abständen Post. Man erhält jedoch alle Nachrichten, die in irgendeinem Zusammenhang mit dieser Liste geschrieben worden sind, ohne selbstdefinierte Filter o. Ä. einsetzen zu können.

o) Um immer über seinen E-Mail-Eingang informiert zu sein, besteht seit geraumer Zeit die Möglichkeit, sich per Short Message Service (= SMS) eine Kurzmitteilung auf sein Mobiltelefon schicken zu lassen, sobald eine neue Nachricht in die Mailbox eingegangen ist. Bei manchen Anbietern wird nur der Betreff der jeweiligen E-Mail und deren Absender angezeigt, aber neuere Dienste vermögen sogar den kompletten E-Mail-Text päckchenweise auf das Mobiltelefon zu übertragen. Viele bieten zudem die Möglichkeit der Rückantwort an – die jedoch aufgrund der technischen Beschränkung des Mobiltelefons auf maximal 160 bzw. 400 Zeichen begrenzt ist.

Von: 01796967256@genion.de
Datum: Donnerstag, 8. Februar 2001 10:14
An: Yvonne.beutner@uni-essen.de
Betreff: Genion Mail

Bin in der Uni und habe Vorlesungen.Kann Dir frühestens um 14Uhr antworten. *simone*

Diese Nachricht wurde Ihnen über das Genion Mail-Gateway zugestellt.

Um dem Absender zu antworten, drücken Sie auf "Reply" und geben Ihre Antwort in die Betreffzeile und den eigentlichen Mailtext ein. Wenn Sie die Antwort abschicken, stellt das Genion Mail-Gateway eine Kurznachricht(SMS) zusammen mit den ersten 160 Zeichen aus Ihrer E-Mail Adresse, der Betreffzeile und dem Mailtext. Diese Kurznachricht wird dem ursprünglichen Absender im Viag Interkom Mobilfunknetz zugestellt.

Wenn Sie mehr über das Genion Mail-Gateway oder die anderen mobilen Services von Genion erfahren wollen, schauen Sie doch vorbei unter http://www.genion.de - die geniale Kommunikationswelt für die Generation m!

Abb. 8: SMS-E-Mail

p) Dadurch, dass man Empfangsbestätigungen vom Adressaten einholen kann und alle gesendeten E-Mails automatisch gespeichert werden, verfügt man über eine komplette und abgesicherte Dokumentation der Kommunikationsabläufe. Der Absender braucht die Briefe im Gegensatz zum Versand per herkömmlicher Post vorher nicht zu kopieren und der Empfänger kann nicht behaupten, eine Nachricht nicht erhalten zu haben, so dass die Korrespondenz jederzeit von allen Personen objektiv nachvollzogen werden kann.

q) Im Vergleich zu Telefongesprächen oder Telefaxen ist der Adressat prinzipiell immer erreichbar. Es kann nicht vorkommen, dass am anderen Ende der Leitung besetzt ist, da die Nachricht automatisch so lange in der Mailbox gespeichert bleibt, bis der Empfänger sie abruft. Sollte die E-Mail doch einmal nicht zugestellt werden können, so bekommt der Absender seine Nachricht mit einer entsprechenden Fehlermeldung vom Mail Delivery Subsystem zurück.

r) Aufgrund ihrer Asynchronität unterliegen E-Mails nicht der Spontaneität (wie beispielsweise ein persönliches Gespräch). Man kann seine Gedanken in Ruhe ordnen und den Text beliebig oft redigieren, bevor man ihn endgültig absendet.[23] Jedoch muss man an dieser Stelle bereits anführen, dass diese Möglichkeit kaum genutzt zu werden scheint. Aus Kapitel 4 wird deutlich hervorgehen, dass die Fehlerquote in E-Mails wesentlich höher ist als in anderen schriftbasierten Kommunikationsmedien und die Gedanken nicht so wohlgeordnet zu sein scheinen, wie sie es dank der Asynchronität sein könnten.

s) Eine Besonderheit der betrieblichen E-Mail-Kommunikation besteht in der Überwindung von Hierarchien, die zu einer vermehrten vertikalen Kommunikation führt.[24] Der Status einer Person scheint bei der elektronischen Post weniger wichtig zu sein als in anderen Kommunikationssituationen, und es scheint eine annähernde Gleichheit der Kommunikationspartner zu geben.[25] Die E-Mail-Kommunikation hatte offenbar schon immer die „Fähigkeit, Hierarchien, Kompetenzen, Verfahren und Normen

[23] Vgl. Alspach: Internet E-Mail, S. 91.
[24] Vgl. Wiest: Computergestützte Kommunikation am Arbeitsplatz, S. 21f.
[25] Vgl. Stegbauer: Electronic Mail und Organisation, S. 6.

durcheinanderzuwirbeln“[26], wie Spengler-Rast und Kampen schon vor zehn Jahren konstatierten.

2.2 Die Nachteile der E-Mail-Kommunikation

Trotz der oben aufgezeigten Vorteile der elektronischen Post darf man nicht vergessen, dass die Kommunikation via E-Mail auch Nachteile in sich birgt. Insofern folgt nun für eine Gegenüberstellung auch eine Übersicht bezüglich der negativen Aspekte der E-Mail-Kommunikation.

a) Mit der elektronischen Post können zwar binäre Daten wie Videos, Tondokumente oder Bilder übermittelt werden, aber es ist unmöglich, Gegenstände zu versenden. Ein E-Mail-Attachment kann lediglich digitale Daten transportieren, der Paket- oder Kurierdienst jedoch ist prinzipiell in der Lage, alles zu befördern.
b) Der Versand von binären Daten als E-Mail-Anhang ist vielfach begrenzt. Zum Einen kann man bei vielen E-Mail-Clients nur eine bestimmte Anzahl von Attachments an eine Nachricht hängen, und zum Anderen ist die Größe des Anhangs in den meisten Fällen eingeschränkt. So ist der Sender gezwungen, seine Daten vorher gegebenenfalls mit Hilfe eines speziellen Programms zu komprimieren, damit die Maximalgröße des Attachments nicht überschritten wird. Der Empfänger muss den Anhang dann folglich wieder mit dem gleichen Programm entpacken, um die Daten lesen zu können.
c) Durch die maschinelle Übermittlung führen schon geringste Abweichungen in der E-Mail-Adresse dazu, dass die Nachricht dem Empfänger nicht zugestellt werden kann. Es gibt drei Ursachen für die Unzustellbarkeit einer E-Mail: Entweder ist der Rechner des Empfängers nicht bekannt, er ist nicht erreichbar oder der Adressat ist auf dem Zielrechner unbekannt. Der Absender bekommt dann die E-Mail mit einer entsprechenden Fehlermeldung vom Mail Delivery Subsystem zurück, und anhand des Protokolls der geplanten Zustellung kann man den Fehler näher eingrenzen und

[26] Spengler-Rast/Kampen: Perspektiven und Probleme computergestützter Kommunikation, S. 50.

eventuell beheben. Unterhalb des Abschnitts ‚Transcript of session follows' in der Fehlermeldung des Mail Delivery Subsystem findet sich immer erst eine der unten aufgeführten Beanstandungen und dann der Text der ursprünglichen E-Mail. Der Absender kann also vielleicht seinen Fehler korrigieren, den Text der Ursprungsnachricht kopieren und die Nachricht erneut verschicken.

Fehlermeldung	Bedeutung
unknown user	Der Benutzername, das heißt der Teil vor dem ‚@', ist auf dem Zielrechner unbekannt.
host unknown	Die IP-Adresse, das heißt der erste Teil nach dem ‚@', ist unbekannt.
unknown domain	Der Domain-Name, das heißt der hinterste Teil der E-Mail-Adresse, ist unbekannt.
unresolvable	Aus der angegebenen Rechner-Adresse kann keine IP-Adresse abgeleitet werden. Das liegt häufig an einem falschen Trennpunkt, einem Tippfehler o. Ä.
network unreachable	Der Zielrechner ist zur Zeit nicht erreichbar. Es kann auch sein, dass einer der dazwischenliegenden Transportrechner ausgefallen ist und somit die Übermittlungskette unterbrochen wurde. Dieser Fehler ist definitiv technisch bedingt, und der Absender hat keinen Fehler gemacht.
service unavailable/connection re-fused	Der Zielrechner nimmt die E-Mail nicht entgegen. Entweder bietet er keinen E-Mail-Dienst an oder er ist vorübergehend gestört.

Tab. 2: Die Fehlermeldungen der E-Mail-Server[27]

[27] Vgl. Gieseke: Das E-Mail Einmaleins, S. 141.

Bei der normalen Post sind die Menschen im Gegensatz zum Computer häufig in der Lage, auch falsch adressierte Sendungen durch apperzeptives Ergänzen oder persönliche Erfahrung korrekt zuzustellen. Bei der maschinellen E-Mail-Kommunikation ist dies nicht möglich.

d) Sollte man eine Postanschrift nicht kennen, so stellt es in den meisten Fällen größeres Problem dar, diese durch Auskunftsdienste oder Telefonbücher herauszufinden – es sei denn, es handelt sich um eine Geheimadresse. E-Mail-Adressen hingegen müssen nirgendwo registriert sein, da die Benutzungsrechte am Internet dezentral von den einzelnen Rechenzentren verwaltet werden, und folglich existiert auch kein zentrales E-Mail-Adressen-Verzeichnis. Ein E-Mail-Adressen-Service müsste folglich die lokalen Verzeichnisse aller EDV-Zentren abfragen können, was aufgrund technischer, organisatorischer und datenschutzrechtlicher Gründe unmöglich ist. Es gibt allerdings einige Ansätze, beispielsweise das E-Mail-Verzeichnis Whois, das von dem InterNIC Registration Service verwaltet wird. Diese Stelle vergibt die Internet-Adressen von Universitäten und Forschungseinrichtungen, die sich dort registrieren lassen müssen, wenn sie an das Internet angeschlossen werden wollen. In Whois können per Internet Angehörige der eingetragenen Institutionen gesucht werden, allerdings muss man dazu immer noch wissen, in welcher Einrichtung die betreffende Person tätig ist.[28] Auch die Telekom bemüht sich zur Zeit, neben dem althergebrachten Telefonbuch ein E-Mail-Adress-Verzeichnis zu erstellen, und unter http://www.teleauskunft.de kann man sich mit seinen Stammdaten in dieses neues Verzeichnis aufnehmen lassen.

e) Es könnte unter Umständen vorkommen, dass während des digitalen Übermittlungsprozesses der E-Mail Fehler aufgetreten sind und der Empfänger die Nachricht nicht mehr im ursprünglichen Zustand erhält, so dass ihr Sinn nicht mehr korrekt erfasst werden kann. Allerdings kommt dies nur in sehr wenigen Fällen vor, bei denen die Nachricht über viele Zwischenrechner gesendet werden musste und Probleme mit der Synchronisation der Übertragungsprotokolle aufgetreten sind.

[28] Vgl. Maier/Wildberger: In 8 Sekunden um die Welt, S. 33f.

f) Im Falle von eigenen Computerproblemen oder Schwierigkeiten des E-Mail-Dienstes wäre es jedoch durchaus denkbar, dass man über einen längeren Zeitraum hinweg nicht auf seine Mailbox zugreifen und somit wichtige Nachrichten nicht rechtzeitig lesen kann.
g) Ein weiteres Problem ist das der begrenzten Speicherkapazität. Der Speicherplatz der Mail-Server an sich ist in den meisten Fällen auf ein bestimmtes Maß beschränkt. Im Internet selber stehen dem E-Mail-Nutzer in seiner Mailbox meist nur wenige Megabytes zum Archivieren seiner Nachrichten zur Verfügung, so dass nicht alle Nachrichten dauerhaft elektronisch gespeichert werden können. Bei einigen Free-Mail-Anbietern werden nach einem kurzen Warnhinweis sogar die ältesten Nachrichten im Posteingang gelöscht, wenn das Speicherlimit überschritten ist. Kann man über einen längeren Zeitraum nicht auf seine Mailbox zugreifen, erhält aber größere Datenmengen, so kann es durchaus sein, dass man einige E-Mails gar nicht erst zu lesen bekommt. Bei der Nutzung eines MUA tritt dieses Problem jedoch nicht in dem Maße auf, da die E-Mails lokal auf der Festplatte gespeichert werden und auch auf einem sekundären Speichermedium wie CD-ROMs o. Ä. archiviert werden können.
h) Neben der begrenzten Speicherkapazität der Mail-Server kann die unter Umständen begrenzte Lagerzeit der Nachrichten im Internet zu einem Problem werden. Einige Free-Mail-Anbieter löschen sowohl den Papierkorb als auch den Ordner mit den gesendeten Objekten nach einem gewissen Zeitraum.
i) Viele Internetfirmen senden unaufgefordert Werbemails (= Junkmails/Spam) an alle E-Mail-Adressen, die sie in ihrer Kartei vorfinden, so dass man Zeit investieren muss, um seine Mailbox hinsichtlich wichtiger Mitteilungen und Werbung zu sortieren. Sicherlich bekommt man auch mit der normalen Post Werbung zugesandt, aber speziell mit E-Mail-Adressen scheint sich ein regelrechter Handel ausgebildet zu haben, gegen den sich der Internetnutzer kaum wehren kann.
j) Im Gegensatz zu einem persönlichen Gespräch bekommt man bei der E-Mail-Kommunikation keine unmittelbare Reaktion von seinem Kommunikationspartner, und es gibt keine Möglichkeit, direkte Zwischenfragen o. Ä. zu formulieren, wenn Verständnisschwierigkeiten auftreten sollten. Es sollten also möglichst redundante Formulierungen vermieden

werden, und man muss sich unter Umständen ein wenig gedulden, bis man eine Antwort erhält, wenn der Adressat nicht ständig online sein sollte.

k) Gegenüber der Face-to-face-Kommunikation – und ansatzweise einem Telefongespräch – fallen bei der E-Mail-Kommunikation die nonverbalen Signale weg. Man kann keine Rückschlüsse aus der Stimmlage, der Mimik oder der Gestik seines Kommunikationspartners ziehen.[29] In E-Mails werden deshalb sogenannte Emoticons eingesetzt, um diesen Mangel zu beheben, aber auf diese spezielle Thematik wird im weiteren Verlauf der Studie noch eingegangen werden.

l) Einen Nachteil, der heutzutage von den meisten Mail-Diensten behoben ist, stellte das Problem der medialen Schriftlichkeit dar. Zunächst standen für eine E-Mail nur die ersten 128 Zeichen, das heißt die ersten 7 Bit des ASCII-Codes zur Verfügung, da nur diese vom Übertragungsprotokoll SMTP interpretiert werden konnten. Daher mussten Umlaute, Sonderzeichen usw. vermieden werden, weil der Empfänger sonst an ihrer Stelle nur ein anderes, unpassendes ASCII-Zeichen vorgefunden hätte. Diese Einschränkung wurde jedoch durch den bereits erläuterten MIME-Standard behoben.[30] Man sollte allerdings beachten, dass ältere oder fremdsprachige Programme nicht MIME-fähig sein könnten und folglich keine Umlaute oder sonstige Sonderzeichen interpretieren können. Wenn man also vermeiden möchte, dass der Nachrichtenempfänger einen lückenhaften Text erhält, sollte man besonders bei der Kommunikation mit einem nicht deutschsprachigen Partner konsequent mit Bigraphen arbeiten und auf andere Sonderzeichen möglichst komplett verzichten.

Ein weiterer Gesichtspunkt, den man je nach Sichtweise sowohl auf die Seite der Vor- als auch auf die der Nachteile einordnen kann, ist die Ungewissheit über den Absender von E-Mails.

Bei den meisten E-Mail-Diensten kann sich grundsätzlich jeder registrieren lassen, ohne dass seine Angaben gewissenhaft überprüft werden. Man muss zwar seine persönlichen Daten hinterlassen, aber der Account wird trotz falscher Angaben fast immer sofort freigeschaltet. Wer ist dann noch in der La-

---

[29] Vgl. Scholl u. a.: Computervermittelte Kommunikation in der Wissenschaft, S. 24f.
[30] Vgl. Runkehl u. a.: Sprache und Kommunikation im Internet, S. 29.

ge, beispielsweise diese Nachricht zurückzuverfolgen und den Absender zu ermitteln? Selbst eine Anfrage bei hotmail.com würde keine brauchbaren Ergebnisse liefern können. Der Absender ist definitiv nicht ermittelbar.

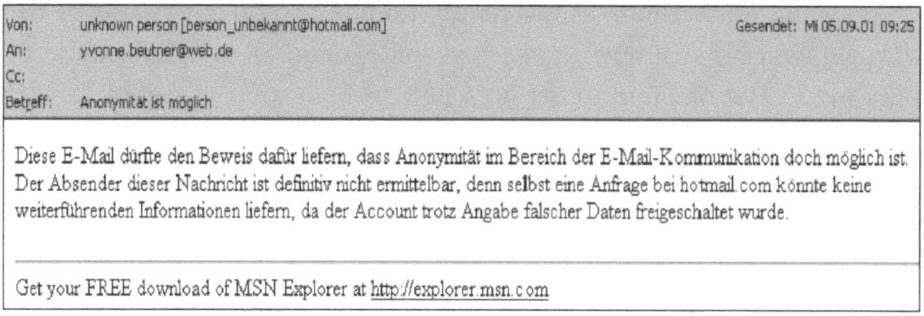

Von: unknown person [person_unbekannt@hotmail.com] Gesendet: Mi 05.09.01 09:25
An: yvonne.beutner@web.de
Cc:
Betreff: Anonymität ist möglich

Diese E-Mail dürfte den Beweis dafür liefern, dass Anonymität im Bereich der E-Mail-Kommunikation doch möglich ist. Der Absender dieser Nachricht ist definitiv nicht ermittelbar, denn selbst eine Anfrage bei hotmail.com könnte keine weiterführenden Informationen liefern, da der Account trotz Angabe falscher Daten freigeschaltet wurde.

Get your FREE download of MSN Explorer at http://explorer.msn.com

Abb. 9: E-Mail eines nicht ermittelbaren Absenders

Es lässt sich also festhalten, dass keine allgemeingültige Aussage formuliert werden kann, ob die E-Mail-Kommunikation besser oder schlechter ist als die Face-to-face-Kommunikation, die per Brief, Telefon oder Fax. Man muss vor der Medienwahl die Vor- und Nachteile des jeweiligen Kommunikationskanals abwägen und sich dann situativ für das jeweils bestgeeignete Medium entscheiden.

> „Technische Medien fungieren somit nicht nur [...] als ‚Code‘; ihre Bedeutung läßt den Inhalt nicht unberührt in dem Sinne, daß die Praxis einer gesellschaftlichen Medienverwendung Einfluß darauf hat, welche Inhalte durch welche Medien transportiert werden bzw. wie die Inhalte aufzufassen, zu interpretieren sind. [...] Technisch vermittelte Kommunikation ist im doppelten Sinne nicht ‚neutral‘, weder im sozialen noch im kommunikativen Bereich.“[31]

Somit bleiben die transportierten Inhalte von der Medienwahl nicht unberührt, denn die Verwendung eines bestimmten Mediums enthält eine metakommunikative Funktion, die in die Interpretation der Botschaft eingeht. In manchen Fällen bietet sich die Kommunikation via E-Mail an, aber in anderen Fällen wäre sie vollkommen unpassend. E-Mail stellt also ein dynami-

[31] Höflich: Normative und semiotische Aspekte, S. 84f.

sches Ergänzungsmittel anderer Kommunikationsformen dar und wird sie keinesfalls vollständig verdrängen.[32]

E-Mail stellt also keinesfalls einen Ersatz für die älteren Medien dar, sondern ist lediglich ein weiteres Angebot im Kommunikationsspektrum[33], dessen Vorteile man für sich nutzbar machen sollte, denn McLuhan formulierte bereits 1970: „Das Medium ist die Botschaft."[34] Man sollte also stets versuchen, für bestimmte Kommunikationsanlässe immer das bestgeeignete Medium zu finden.

> „Die Wahl des Mediums ist zugleich Bestandteil der Handlungsplanung: ‚Soll ich X zum Zwecke Y anrufen, oder besser schreiben, oder besser persönlich sprechen?' Die ‚Definition der Mediensituation' umfaßt demnach immer auch ein Kalkül der Interaktionspartner, welches Medium zur Realisierung bestimmter Kommunikationsabsichten – in Abhängigkeit von kulturell unterschiedlich definierten Kommunikationserfordernissen der Handlungssituation [...] – eingesetzt werden soll."[35]

Es kann also keinesfalls von einer Substitution der älteren Kommunikationsmedien die Rede sein, sondern man sollte eher von einem Komplementärcharakter der jeweils neu hinzutretenden Kommunikationschancen sprechen, denn „each successive technology did not replace previous communication media (although it usually affected them in important ways). So the history of communication is the history of ‚more'. Each new media may change the function of previous media, but they did not disappear."[36]
Es ist also nicht verwunderlich, dass Medien zum Teil auch kombiniert werden, indem eine E-Mail oder ein Fax telefonisch angekündigt bzw. eine E-Mail-Botschaft telefonisch beantwortet wird. Dadurch sollen die Schwä-

32 Vgl. Spengler-Rast/Kampen: Perspektiven und Probleme computergestützter Kommunikation, S. 2.
33 Vgl. Pansegrau: Dialogizität und Degrammatikalisierung, S. 103.
34 Marshall McLuhan: Die magischen Kanäle. Understanding media; Frankfurt 1968, S. 13; zit. n.: Wiest: Computergestützte Kommunikation am Arbeitsplatz, S. 29.
35 Höflich: Normative und semiotische Aspekte, S. 83.
36 Rogers 1986; zit. n.: Holland: Electronic Mail in der Arbeitswelt, S. 287.

chen des einzelnen Mediums bestmöglich ausgeglichen und soziale oder sachliche Kontextinformationen ausgetauscht werden.[37]

2.3 Theoretische Konzeptionen

Wesentlich bestimmt wird die Medienwahl durch vier Faktoren: erstens die Art der anfallenden Arbeitsaufgabe, zweitens den organisatorischen Status, drittens den perzipierten Medieneigenschaften und viertens den persönlich bevorzugten Kommunikationsstil.[38] Hinzuzufügen wären noch die Aspekte des Zugangs zu den Medien und die Beachtung geographischer Barrieren oder Zeitverschiebungen. Hier finden sich also die Kernaussagen einiger der wichtigsten CMC-Theorien bestätigt, nämlich die der rationalen, normativen und interaktiven Medienwahl. Die Theorie der rationalen Medienwahl bzw. das social influence model geht davon aus, dass CMC immer eine Verarmung im Vergleich zur face-to-face-Kommunikation darstellt und hinsichtlich der sozialen Präsenz und medialen Reichhaltigkeit defizitär ist. Menschen bilden demnach Medienhierarchien mit dem persönlichen Gespräch an der Spitze und suchen sich das Kommunikationsmedium aus, das für den konkreten Anlass geeignet erscheint. Eine rationale Medienwahl muss gerade dem Grad der geforderten persönlichen Nähe entsprechen, darf aber auch keinen zeitlichen oder finanziellen Mehraufwand bedeuten. Bei media appropiatness, das heißt, wenn ein optimales Verhältnis zwischen den Anforderungen der Kommunikationsaufgabe und der sozialen Präsenz des Mediums gegeben ist, dürften sich keine negativen Auswirkungen auf die Kommunikation ergeben. Zu bedenken ist hierbei, ob man wirklich immer die oben angeführte Analyse durchführt oder sich nicht doch aus Gewohnheit bzw. Bequemlichkeit für ein Medium entscheidet. Des Weiteren gilt es zu beachten, dass immer nur eine Person die Kosten-Nutzen-Abwägungen durchführt und der Nachrichtenempfänger sich dieser Medienwahl zunächst einmal beugen muss, wenngleich er sich vielleicht für einen anderen Kommunikationskanal entschieden hätte. Solche Aspekte jedoch bleiben in der individuumzentrierten Theorie der rationalen Medienwahl unberücksichtigt. Die Theorie der normativen

---

[37] Vgl. Stegbauer: Electronic Mail und Organisation, S. 10.
[38] Vgl. Wiest: Computergestützte Kommunikation am Arbeitsplatz, S. 23.

Medienwahl hingegen hat die Grundannahme, dass eine Medienwahl nicht durch individuelle Kosten-Nutzen-Überlegungen rational entschieden wird, sondern vielmehr die Bedienungskompetenz und die sozialen Normen ausschlaggebend für die Wahl sind. In der Theorie der interaktiven Medienwahl wird gerade dieser Ansatz noch weiter fortgeführt. Das Modell bleibt zwar auch individuumzentriert, aber es spielen neben der Erreichbarkeit eines Kommunikationspartners via E-Mail auch Determinanten wie Geräteverfügbarkeit, Medienwissen und Bedürfnisbefriedigung eine entscheidende Rolle bei der Medienwahl. Die wechselseitige Beeinflussung und das Aufeinander-Einstellen bei der Vorauswahl eines geeigneten Mediums bleibt jedoch der wichtigste Faktor bei der Theorie der interaktiven Medienwahl.[39]

Nicht zu unterschätzen sind in diesem Zusammenhang auch die persönlichen Kommunikationsvorlieben. So berichtet Wetzstein beispielsweise, dass die Computerkommunikation gerade für introvertierte Menschen, die ansonsten persönlichen Kontakt eher scheuten, ein neues kommunikatives Potential eröffne.[40] Filtertheorien besagen, dass man bei textbasierter Kommunikation wenig über den psychosozialen Hintergrund wie Alter, Aussehen, Geschlecht, Bildungsniveau, Status etc. des Kommunikationspartners weiß, was dazu führt, dass im Alltag gegebene Kommunikationsvor- oder –nachteile verschwinden. Eine solche Nivellierung hat zur Folge, dass Privilegien, soziale Hemmungen oder Kontrollen abgebaut werden und dieser enthemmende Effekt sowohl verstärkte Offenheit, Partizipation und Egalität als auch Anomie, normverletzendes und antisoziales Verhalten in E-Mails nach sich zieht.[41] Zum Problem des Flamings vergleiche jedoch auch Kapitel 3.6.2.

39 Vgl. Döring: Kommunikation im Internet, S. 279-283.
40 Vgl. Holland: Electronic Mail in der Arbeitswelt, S. 287.
41 Vgl. Döring: Kommunikation im Internet, S. 278.

3. E-Mails und Sprache – Sprache in E-Mails

Bei einer Analyse der E-Mail-Kommunikation in Bezug auf die deutsche Sprache lassen sich zahlreiche Besonderheiten feststellen. Man kann zum Einen Veränderungen im Bereich der kommunikativen Aspekte beobachten, und zum Anderen fallen dynamische Entwicklungen im textuellen Bereich auf. Im Folgenden soll zunächst eine Einordnung der E-Mail-Kommunikation hinsichtlich Schriftlichkeit und Mündlichkeit versucht werden, um dann auf sprachliche und stilistische Besonderheiten in diesem Bereich der computervermittelten Kommunikation einzugehen.

3.1 Mündlichkeit vs. Schriftlichkeit

Um eine Verortung der E-Mail-Kommunikation im Bereich der Mündlichkeit bzw. der Schriftlichkeit vornehmen zu können, ist es zunächst erforderlich, sich Gedanken über die Terminologie und ihre Verwendung zu machen.

In der Linguistik wird unter gesprochener Sprache jene primäre Kommunikation verstanden, die vor allem durch kurze und zum Teil unvollständige Sätze (= Ellipsen), eine Mischung von Satzstrukturen (= Anakoluthe und Kontaminationen), Nachträge oder Einschübe während des Redeflusses (= Parenthesen), parataktische Satzabbrüche, die Ausklammerung von wichtigen Satzgliedern sowie den vermehrten Gebrauch von Modalpartikeln gekennzeichnet ist. Durch die zeitliche Unmittelbarkeit bilden Denken, Fühlen und Sprechen einen einheitlichen Erlebensfluss, und die Gesprächsteilnehmer können oder müssen spontan aufeinander reagieren.

Dieser mündlichen Sprache steht die Schriftsprache gegenüber. Sie ist vor allem durch ihre Überregionalität und die schriftliche Fixierung gekennzeichnet. Durch das Bildungssystem lernt jeder Mensch, dass man im Bereich der Schriftsprache besondere Normierungen hinsichtlich der Rechtschreibung und der Grammatik zu beachten hat. Diese stärkere Reflexivität im Schreiben führt in schriftlich fixierten Texten häufig zu elaborierteren Äußerungen, als man sie in der gesprochenen Sprache findet.

Daraus ergibt sich, dass theoretisch ein deutlicher Unterschied zwischen gesprochener und geschriebener Sprache besteht und klassische, traditionelle

Grenzen existieren. Allerdings scheint es so, dass „neue Medien und hier insbesondere die semiotische Universalmaschine Computer [diese] klassischen Grenzen zwischen Mündlichkeit und Schriftlichkeit [...] zunehmend verwischen."[42] Nicht zu vergessen ist dabei die Tatsache, dass Schreiben als eine kulturelle Variable zu verstehen ist und keine statische Form mit unbegrenzter Stabilität darstellt. Zudem existieren ohne Zweifel Mischformen, in denen entweder Schrift Charakteristika der Mündlichkeit aufweist, wie eine informelle Notiz für einen Freund, oder aber in denen die Rede typische schriftsprachliche Elemente enthält, beispielsweise in einer offiziellen Ansprache.

3.1.1 Theoretische Konzeptionen

Bezüglich der Unterscheidung zwischen Mündlichkeit und Schriftlichkeit allgemein existieren drei verschiedene Modelle (dichotomous, spectral und cross-modality model)[43]. Das dichotomous model geht davon aus, dass eine strikte Trennung von Schrift und gesprochener Sprache möglich ist. Die endophoric language, das heißt, die Schrift ist demnach monologisch, objektiv, geplant, durchstrukturiert, dekontextualisiert, syntaktisch kompliziert, zeitlich und räumlich verschoben etc. Das Gegenstück in diesem Modell bildet die exophoric language, das heißt die gesprochene Sprache, die sich als dialogisch, subjektiv, face-to-face, spontan, weniger strukturiert, kontextualisiert und syntaktisch einfacher etc. kennzeichnen lässt. Diese gegensätzlichen Beziehungen zwischen Schrift und Sprache im dichotomous model lassen sich also folgendermaßen festhalten:

[42] Schmitz: neue Medien und Gegenwartssprache, S. 34.
[43] Vgl. Baron: Letters by phone, S. 136ff.

	Writing (Endophoric)	Speech (Exophoric)
Social Dynamics	separated in time and space objective monologue	face-to-face interpersonal dialogue
Format	durable scannable planned highly structured	ephemeral linear access spontaneous loosely structured, including repetitive
Grammar	complex syntax deals with past and future	simpler syntax deals with present
Style	formal expository argument-oriented decontextualized abstract	informal narrative event-oriented contextualized concrete

Tab 3: Schrift und Sprache im dichotomous model[44]

Das spectral model stellt das streng zwischen Mündlichkeit und Schriftlichkeit trennende Modell jedoch in Frage, und geht vielmehr davon aus, dass es Mischformen zwischen der endophoric und der exophoric language gibt. Manchmal finden sich in der Sprache Ausdrucksformen, die eher der Schriftsprache zuzuordnen sind, und auf der anderen Seite kann Schrift genauso gut umgangssprachliche Elemente in sich bergen.

Das cross-modality model scheint im Wesentlichen nur eine konsequent weitergedachte Form des spectral models zu sein, denn auch diesem Konzept liegt die Idee der existenten Mischformen zu Grunde, aber dieses letzte Modell beachtet zugleich, dass es nicht nur die jeweiligen linguistischen Charakteristika sind, die man nicht immer eindeutig ausmachen kann, sondern dass Texte ferner zu höchst unterschiedlichen Zwecken konzipiert werden. So ist

[44] Baron: Letters by phone, S. 137.

eine politische Rede zwar schriftlich konzipiert, wird aber mündlich realisiert und als Gegenbeispiel sei hier die Urlaubspostkarte genannt, die trotz der Verschriftlichung in vielen Fällen der konzeptionellen Mündlichkeit sehr nahe steht.

Es ist also sowohl auf medialer als auch auf konzeptioneller Ebene eine Unterscheidung zu treffen. Auf der medialen Ebene gibt es zwar einen klaren Unterschied zwischen Gesprochenem und Geschriebenem, aber auf der konzeptionellen Ebene gibt es eben keine klare Dichotomie, sondern man befindet sich in einem Kontinuum mit den beiden Polen extremer Mündlichkeit und absoluter Schriftlichkeit, so dass durch E-Mails ein Überlappungsbereich zwischen Telefongespräch, Fax und Briefverkehr entsteht.[45] Sprachsoziologisch betrachtet heißt das, dass jede Interaktionssituation ihren Kontext immer selbst festlegt und eben keine von der verbalen Interaktion unabhängig gegebene Größe ist, die mit ihr korrelativ verbunden ist. Wenn Gesprächspartner miteinander reden, so stellen sie den Rahmen ihres Gespräches selbst her und legen dabei fest, ob es sich um ein informelles Gespräch unter Freunden, eine offizielle Präsentation o. Ä. handelt. Indikatoren für eine Verortung innerhalb dieses Kontextualisierungsprozesses sind auf prosodischer, syntaktischer, semantischer und lexikalischer Ebene zu finden, denn solche Kontextualisierungshinweise stellen Schlüsselfunktionen bei einer interaktiven Festlegung des jeweiligen Rahmens dar und sind für die kommunikative Norm mitverantwortlich. Im Bereich der Schriftlichkeit lässt sich das oben genannte Phänomen der verschwimmenden Grenzen logischerweise auch beobachten, gleichwohl dort normalerweise andere Kontextualisierungsmuster zum Tragen kommen. Besonders im Bereich der verhältnismäßig neuen E-Mail-Kommunikation müssen sich die Interaktionspartner auf neue Muster einstellen und können daher nicht auf einen kommunikativen Haushalt ihrer kulturellen Gemeinschaft zurückgreifen. Insofern ergibt sich eine neue Dynamik in der E-Mail-Kommunikation, da man keine gewohnten Prozesse reproduzieren kann, sondern sich immer wieder neu auf Situationen einzustellen hat, in denen das jeweilige Sprachverhalten individuell den Gegebenheiten angepasst werden muss.

45 Vgl. Günther/Wyss: E-Mail-Briefe, S. 62.

In diesem Zusammenhang sei auch auf die durch Koch und Oesterreicher getroffene Unterscheidung zwischen konzeptioneller und medialer Schriftlichkeit verwiesen[46]. Koch und Oesterreicher unterscheiden in ihrer Theorie zwei Lesarten, von denen sich die erste auf das Medium bezieht, mit dem die sprachlichen Äußerungen realisiert werden, und die zweite bezieht sich auf die Konzeption, die die sprachliche Äußerung prägt. Eine Äußerung kann also – wie bereits oben erwähnt – konzeptionell schriftlich sein, aber mündlich realisiert werden oder umgekehrt. Konzeptionelle Mündlichkeit und konzeptionelle Schriftlichkeit werden folglich eher durch Planung, Sinn und Zweck des sprachlichen Handlungsmusters als durch das realisierende Medium geprägt. Es lässt sich also eine relative Unabhängigkeit zwischen Medium und Konzeption beobachten, die allerdings „nicht im Widerspruch dazu [steht], dass einerseits zwischen dem phonischen Medium und konzeptionell mündlichen Äußerungsformen, andererseits zwischen dem graphischen Medium und konzeptionell schriftlichen Äußerungsformen eine ausgeprägte Affinität besteht."[47]

Koch und Oesterreicher haben zur besseren Beschreibung dieses Themenkomplexes das Gegensatzpaar Sprache der Nähe und Sprache der Distanz eingeführt. Ihnen zu Folge sind auf der konzeptionellen Ebene Dialogizität, gemeinsame außersprachliche Situation, ein hoher Spontaneitätsgrad und Expressivität in der Sprachproduktion für die Sprache der Nähe typisch, wohingegen die Sprache der Distanz durch Monologizität, Situationsentbindung, geringe Spontaneität bzw. Expressivität und einen hohen Reflexionsgrad hinsichtlich der Produktionsphase gekennzeichnet ist. Bei großer kommunikativer Nähe ist es möglich, dass eine Reihe textgliedernder Signale und Referenzen sowie Mittel, die für Kohärenz und Kohäsion zuständig sind, entfallen, was jedoch bei einer größeren kommunikativen Distanz zum Textunverständnis führen würde; allerdings finden sich in distanzsprachlichen Texten kaum typisch mündliche Merkmale wie einfache Parataxen, nicht-hierarchische Textgliederungen oder *und*-Verknüpfungen. Diese kommunikative Distanz bzw. Nähe zwischen den Partnern berücksichtigt grundlegende Charakteristika von Kommunikationsabläufen für die vor allem der Grad der Öffentlichkeit, das Maß der Vertrautheit bzw. der raum-zeitlichen Nähe sowie

[46] Vgl: Koch/Oesterreicher: Sprache der Nähe – Sprache der Distanz, S. 17-21.
[47] Koch/Oesterreicher: Schriftlichkeit und Sprache, S. 587.

der Grad der Emotionalität und Spontaneität maßgeblich sind. Auch die Handlungs- und Situationeinbindung, und das Ausmaß des Referenzbezuges sowie der Grad der Themenfindung müssen berücksichtigt werden.
Auch Scollon und Scollon sperren sich gegen eine strikte Dichotomisierung von Mündlichkeit und Schriftlichkeit und nach einer ausführlichen Diskussion der Vor- und Nachteile von irreführenden Konnotationen im Zusammenhang mit der mündlichen Kommunikation haben sie den Begriff der somatischen Kommunikation eingeführt und folgendes Konzept vorgestellt:

> „By suggesting the word somatic [...] we mean to make reference to the human body as the foundation of communication. In this we are following the lead of a Navajo woman whose grandson wanted to tape-record and transcribe her stories. She said: ‚When you seperate the word from the body, that's death‘. By using the word somatic we want to emphasize the multimodal or multisensory nature of communication between bodies, the inherent redundancy or resonance among these multiple modalities, the real-time rhythmic synchronies involved in such communication, and the essential co-presence of all participants to the communication.“[48]

Man sollte also eine Gradation vornehmen, die nicht strikt zwischen den Kategorien mündlich und schriftlich trennt, sondern vielmehr verschiedene Zwischenstufen offen lässt. Entscheidend hierfür sind laut Scollon und Scollon – ähnlich wie auch bei Koch und Oesterreicher – der Grad der Involviertheit der Kommunikationspartner und die Distanz hinsichtlich der Körperlichkeit der Interaktionspartner. Insofern ist ein Telefonat weniger somatisch als ein persönliches Gespräch, und ein handschriftlicher Text ist somatischer als ein gedrucktes Plakat.

Ein weiterer Vertreter der Mixed-These ist Langham, denn seiner Meinung nach weist die E-Mail-Kommunikation als digitaler Text, der interpersonal über Computernetze ausgetauscht wird, gleichermaßen Merkmale von Orali-

---

[48] Vgl. Scollon, R.; Scollon, S.: Somatic communication: How useful is ‚Orality‘ for the Characterization of Speech Events and Cultures? In: Quasthoff, Uta M. (Hrsg.): Aspects of oral communication; Berlin u. New York 1995, S. 19-29; zit. n.: Quasthoff: Kommunikative Normen, S. 26.

tät und von Literalität auf.[49] Infolgedessen hat er den Begriff der Oraliteralität eingeführt, um zu verdeutlichen, dass CMC sowohl Kennzeichen der Oralität, das heißt der Mündlichkeit, und solche der Literalität, also der Schriftlichkeit, in sich vereint. Für Langham sind in der computervermittelten Kommunikation die Vorteile der Mündlichkeit in Form der schnellen Rückmeldung oder der Partizipation am Diskussionsprozess mit den Vorteilen der Schriftlichkeit kombiniert, die sich in der größeren Reichweite und der besseren Elaboration der Texte darstellen. Das isolierte Lesen und Schreiben wird somit stärker in einen interaktiven Kontext eingebettet, und die Distanz zwischen den am Kommunikationsprozess beteiligten Personen schrumpft. Oraliteralität bringt einen neuen, durch umgangssprachliche Elemente geprägten Modus der Sprache hervor, der die Kommunikation auf der einen Seite beschleunigt und vervielfacht, sie aber auf der anderen Seite auch in einen zum Teil negativen Kontext stellt, weil Nachrichten zum Teil aus dem Stehgreif formuliert werden, und kein abschließendes Korrekturlesen mehr erfolgt, so dass man den Wortlaut seiner E-Mails unter Umständen später bereut; im Gegensatz zu einem persönlichen Gespräch, dessen negative Inhalte vielleicht im Laufe der Zeit vergessen werden, sind E-Mails aber schriftlich fixiert und von dauerhafter Qualität.[50]

„‚Mündlichkeit' oder besser: ‚verschriftete Mündlichkeit' oder ‚mündliche Schriftlichkeit' sind in den EMs [= E-Mails, YB] wohl die häufigsten Stilelemente, die zu einer Unterscheidung der EMs zur traditionellen Briefpost dienen können."[51] In den E-Mails konstituiert sich eine neue Kommunikationsform, die man weder vollkommen der Mündlichkeit noch absolut der Schriftlichkeit zuordnen kann. Man muss die individuelle Position jeder Äußerung auf einer Skala ansiedeln, die sich zwischen den beiden Polen geschrieben und gesprochen bewegt. Es finden sich in der CMC dennoch viele persönlichkeitsbezogene Elemente wie scherzhafte Redewendungen, verbalsprachliche Ausdrucksformen, computer graffity usw., was als push towards sociability

---

[49] Vgl. Langham, D.: The common place MOO: Orality and literacy in virtual reality. In: Computer-mediated communication magazine, Bd. 7 (1994). Unter: http://sunsite.unc.edu/cmc/mag/1994/jul/moo.html.
[50] Vgl. Döring: Kommunikation im Internet, S. 289f.
[51] Günther/Wyss: E-Mail-Briefe, S. 70.

bezeichnet wird.[52] Die schriftliche Realisierung von E-Mails hat allerdings zur Folge, dass sie niemals denselben Grad konzeptioneller Mündlichkeit haben können wie ein persönliches Gespräch, aber anhand mehrerer Beispiele soll im Folgenden gezeigt werden, dass es dennoch einen erstaunlich hohen Anteil an Formen konzeptioneller Mündlichkeit in der eigentlich schriftlichen E-Mail-Kommunikation gibt.

3.1.2. Dialogizität und Intertextualität

Im Bereich der Textkohäsion müssen bei der asynchronen computervermittelten Kommunikation medien- und situationsbedingte Spezifika beachtet werden. Durch die zeitliche Verschiebung der Turns bietet sich dem Antwortenden nicht die Möglichkeit, direkt in die Rede einzugreifen. Der gesamte Bereich der computervermittelten Kommunikation weist hinsichtlich der Dialogizität und des Austausches zwischen Sender und Empfänger folgende Besonderheiten auf:[53]

- Hier- und Jetzt-Origo existieren zwar noch, aber im Vergleich mit anderen schriftbasierten Kommunikationsmitteln allerdings nur in einer sehr eingeschränkten Weise.
- Der transistorische Charakter der mündlichen Kommunikation ist aufgehoben, sofern der externe Sprecher betroffen ist, aber die Bereitschaft zum Speichern schriftlicher Kommunikationsabläufe ist jedoch generell gesunken, da das Speicherproblem durch die schnelle Wiederauffindbarkeit der Kommunikationsvorgänge umgangen werden kann.
- Die aus der Mündlichkeit bekannte Mehrkanal-Kommunikation gibt es nicht, da nonverbale Kommunikationssignale nicht genutzt werden können. Allerdings treten dafür andere visuelle Kanäle wie zum Beispiel die Emoticons hinzu, die die fehlenden prosodischen Elemente ersetzen sollen.
- Interaktionsstrukturen können mitunter verwischen, wenn die konstitutive Sequenzialität zwischen den einzelnen Turns aufgrund unterschiedlich

[52] Vgl. Spengler-Rast/Kampen: Perspektiven und Probleme computergestützter Kommunikation, S. 48.
[53] Vgl. Quasthoff: Kommunikative Normen, S. 45f.

langer Intervalle zwischen Produktion und Rezeption auseinandergezogen ist. Allerdings macht dies auf der anderen Seite deutlich, dass die E-Mail-Kommunikation in den meisten Fällen nichts desto trotz der face-to-face-Kommunikation wesentlich näher steht als dem traditionellen Briefwechsel.

Dialogizität in der E-Mail-Kommunikation beinhaltet immer eine starke Partnerorientierung, ist aber dennoch durch eine große Unabhängigkeit von Zeit und Raum gekennzeichnet. Durch die neuen Kommunikationswege entsteht eine Vielzahl von spezifischen Interaktions- und Kommunikationsmustern, die im Folgenden näher betrachtet werden sollen. Da man nicht direkt in die Rede eingreifen kann, muss man auf andere Art und Weise Dialogizität in der E-Mail-Kommunikation herstellen, wobei zunächst einmal zwei verschiedene Arten von Dialogizität der E-Mail-Kommunikation unterschieden werden müssen: Auf der einen Seite kann man konventionelle dialogische Strukturen herstellen, in der aus der face-to-face-Kommunikation oder einem Telefongespräch vertraute Dialogmuster in die E-Mail-Kommunikation übernommen werden; bekannte Strukturen werden nur wenig verändert und gewohnte Kommunikationsmuster werden schlichtweg auf ein neues Medium transferiert.[54] In der Antwort-E-Mail wird nichts aus der Nachricht übernommen, auf die man sich bezieht, sondern der Absender schreibt eine völlig neue E-Mail, und der einzige Hinweis, dass es sich um eine Antwort handelt, ist aus dem subject zu entnehmen, in dem dann meist ein Re oder ein AW mitgeführt wird.

Betreff: Re: Artikel für die BKS-Aktuell

Hallo Yvonne,
natürlich kann ich euren Text ausdrucken und an Herrn Lotter weitergeben.
Das BKS-aktuell-Heftchen kommt sicher erst Ende April (wenn nicht später)unters Volk, ich werde es - zusammen mit dem Foto - zuschicken, oder besser: wir kommen nochmal zu einem Kaffee zusammen, wenn es wärmer ist im Garten hier. Ich melde mich in jedem Fall irgendwann nach Ostern.
Schöne Ostertage und viele Grüße,
Waltraud

Abb. 10: Quoting ohne Bezugnahme

---

54 Vgl. Pansegrau: Dialogizität und Degrammatikalisierung, S. 92.

Problematisch bei dieser Art Dialogizität kann es werden, wenn einer der Kommunikationspartner den Bezug zur Referenznachricht nicht mehr herstellen kann, denn wie bereits eingangs angesprochen, ist der transistorische Charakter besonders im Bereich der E-Mail-Kommunikation stark betroffen. Das menschliche Gedächtnis ist darauf trainiert, Interaktionsstrukturen und Kommunikationszusammenhänge zu speichern, aber da die Verarbeitungsmöglichkeiten des menschlichen Organismus begrenzt sind, werden nicht unbedingt notwendige Dinge schnell wieder vergessen. Aufgrund der Schriftlichkeit der E-Mails und ihrer bequemen Archivierbarkeit ist es leicht, Zusammenhänge schnell nachzuschauen, ohne komplexe Strukturen im Gedächtnis behalten zu müssen, und das Verarbeitungskriterium ist eine entscheidende Variable im Zusammenhang mit der Dialogizität. Unterschiede zur uneingeschränkt mündlichen Kommunikation ergeben sich in der Sprecher-Hörer-Identifizierung, denn in einem persönlichen Gespräch könnten Anreden und Abschlüsse prinzipiell ganz entfallen, aber in den meisten Fällen werden Anreden durch personaldeiktische Ausdrücke ersetzt, wenn man Blickkontakt zu seinem Gesprächspartner hat. Ähnlich verhält es sich mit Zeitangaben, die in einem Wechselgespräch nicht konkretisiert werden müssen, aber in der E-Mail-Kommunikation meist durch temporaldeiktische Prozeduren aufgelöst werden. Ferner werden Turn-Wechsel zum Einen durch explizite Verabschiedungen eingeleitet, aber auch in den E-Mails, in denen auf eine Schlussformel verzichtet wird, ist aufgrund eines Frage-Antwort-Schemas klar, dass nun der Kommunikationspartner den Gesprächsfaden aufgreifen soll. Wie einzelne Beispiele des Korpus belegen, ist es zwar möglich, auf solche Signale zu verzichten, aber für eine bessere Orientierung des Hörers werden sie dennoch gern gelesen. In dem dieser Studie zu Grunde liegenden Korpus gibt es insgesamt 49 E-Mails, die auf eine vorhergegangene Nachricht Bezug nehmen[55]; davon nutzen 22 E-Mails die erste Art der traditionellen Dialogstruktur ohne jegliches Zitieren der Bezugsnachricht. In immerhin 9 Fällen verzichten die Absender auf eine Ansprache ihres Kommunikationspartners durch seinen Namen oder die Benutzung eines deiktischen Personalpronomens, aber in etwa 59% der untersuchten E-Mails findet eine

[55] In diese Analyse eingegangen sind alle die E-Mails, in deren Betreffzeile ein Re oder ein AW als deutliches Kennzeichen der Antwort auf eine vorhergegangene E-Mail im Sinne einer direkten Dialogizität zu finden war.

Sprecher-Hörer-Identifizierung mit Hilfe einer direkten Anrede statt. Nicht verwunderlich ist in diesem Zusammenhang, dass alle beruflichen E-Mails dieses Sektors eine persönliche Anrede aufweisen und nur Nachrichten aus dem engeren Umfeld ohne eine namentliche Eröffnung auskommen. Vielfach entsteht der Eindruck, dass besonders im privaten Bereich gerade um der Kommunikation willen kommuniziert wird, denn Muster aus der traditionellen Kommunikation und narrative Elemente lassen darauf schließen, dass es weniger um die Übermittlung von speziellen Inhalten als vielmehr um eine bloße Aufrechterhaltung der Kommunikation geht.

Auf der anderen Seite gibt es eine neue Form der Dialogizität, die erst im Zusammenhang mit der E-Mail-Kommunikation entstanden ist und die die sogenannten Dialog-E-Mails mit zwei Untertypen hervorgebracht hat. Beiden Typen ist gemein, dass sie in der Antwort-E-Mail entweder Teile der Ursprungsnachricht, auf die sie sich beziehen, einfügen oder auch den ganzen Text der vorhergegangenen E-Mail zitieren. Das hat den Vorteil, dass man in beiden Fällen einen klaren Bezugspunkt hat und man nicht überlegen muss, in welchem Zusammenhang die eingegangene Nachricht steht. Der Absender stellt die komplette Ursprungsnachricht seiner eigenen E-Mail entweder vor oder nach, was als indirektes Quoting bezeichnet wird (Abb. 11a), oder aber er schreibt zwischen die Zeilen der E-Mail, auf die er sich bezieht, was indirektes Quoting genannt wird (Abb. 11b). Beim indirekten Quoting, bei dem die Bezugsnachricht komplett in die Antwort übernommen wird, wird die Ursprungs-E-Mail klar vom eigenen Text abgegrenzt, indem meist eine durch Spiegelstriche eingeleitete Zeile mit dem Hinweis ‚Original Message' oder ‚Ursprüngliche Nachricht' bzw. der einleitende Satz ‚[Name] schrieb' folgt, bevor die E-Mail des Absenders und die Kerndaten des Headers eingefügt werden.

Hi Yvonne,
na wie geht es Dir? Uns geht es gut. Tom ist nun schon fast 12 Wochen und er entwickelt sich super. Er ist ein richtig süßer Kerl. Sabine ist auch ganz verschossen in ihn. Meld Dich doch mal wieder würde mich echt freuen.
Übrigens meine Handynummer lautet: 0178 / ******* . Wir können uns ja mal smsen.
Mach es gut.

Susanne

----- Original Message -----
From: Yvonne Beutner <yvonne.beutner@web.de>
To: Sauer, Stephanie <stephanie-karsten.waltrop@t-online.de>
Sent: Wednesday, February 28, 2001 8:47 AM
Subject: <no subject>

Hallo!

Ab dem 1.03.2001 habe ich eine neue Handynummer. Da die andere Nummer deaktiviert wird, könnt ihr mich ab morgen nur noch unter 0177/ ******* erreichen.

Gruß
Yvonne Beutner

Abb. 11a: Indirektes Quoting

Beim direkten Quoting werden die Textpassagen, die aus der Ursprungsnachricht übernommen wurden, durch ein vor den entsprechenden Zeilen stehendes nicht-alphanumerisches Sonderzeichen, meistens einen Pfeil (>), kenntlich gemacht, so dass die verschiedenen Dialogebenen leichter voneinander unterschieden werden können.

Betreff: Re: Win98

> Guten Morgen,
Hallo
> der kann die CD überhaupt nicht lesen. Es scheint als wäre gar nichts auf der
> CD, obwohl man auf der Rückseite deutlich den gebrannten Bereich erkennen kann.
> Mehr kann ich dazu jetzt nicht sagen.
Die "Original-CD" ist in Ordnung. Kann sein, dass das neue Brennprogramm oder gar der Brenner Probleme macht. Werde das in den nächsten Tagen ausprobieren.

> Deine SMS ist nicht bei mir angekommen. Ab heute Nachmittag bekomme ich aber
> sowieso ein neues Handy mit einer neuen Nummer, die ich dir dann in den nächsten
> Tagen mitteilen werde.
Schon wieder neu? Weswegen? Hattest Du keinen Vertrag?

Abb. 11b: Direktes Quoting

Die parallele Dialogizität des direkten Quoting hat den Vorteil, dass der Empfänger auf einen Blick erkennen kann, welches Referenzobjekt gemeint ist und kein Verlust des Bezugspunktes für die Antwort zu befürchten ist, was dem Faktor der Zeitersparnis der E-Mail-Kommunikation sehr zuträglich ist. Es können beliebig viele Dialogebenen eingebunden werden, denn entweder werden alle vorausgegangenen Nachrichten vor- bzw. nachgestellt, oder aber innerhalb des Zeilenquotings wird vom System immer ein nicht-alphanumerisches Sonderzeichen mehr eingefügt, um die entsprechenden Textpassagen als Zitat kenntlich zu machen.
Sollten jedoch einmal die Verweiszeichen ausfallen, so besteht größte Gefahr, dass es zu Missverständnissen kommt, wie das folgende Beispiel belegt:

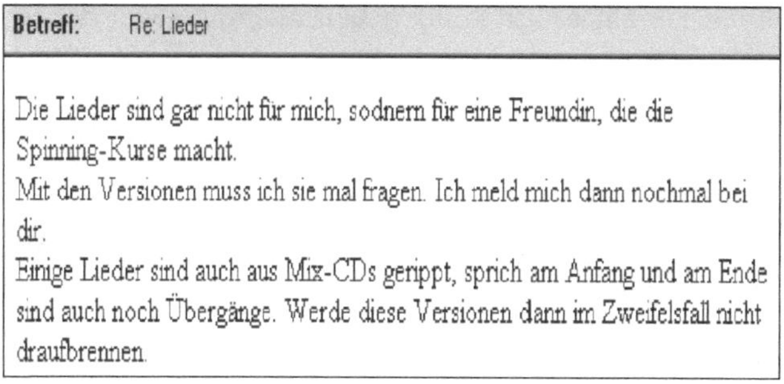
Betreff: Re: Lieder

Die Lieder sind gar nicht für mich, sodnern für eine Freundin, die die Spinning-Kurse macht.
Mit den Versionen muss ich sie mal fragen. Ich meld mich dann nochmal bei dir.
Einige Lieder sind auch aus Mix-CDs gerippt, sprich am Anfang und am Ende sind auch noch Übergänge. Werde diese Versionen dann im Zweifelsfall nicht draufbrennen.

Abb. 12: Fehlerhaftes Quoting

Bei dieser E-Mail scheint ein Fehler aufgetreten zu sein, denn es gibt keinen Hinweis darauf, dass es sich bei den ersten vier Zeilen um ein Zitat aus der vorherigen E-Mail handelt. Sollte es sich um ein direktes Quoting handeln, so fehlen die Pfeile, und sollte es sich um indirektes Quoting handeln, so fehlt der Hinweis, an welcher Stelle die E-Mail des Absenders beginnt bzw. aufhört. In diesem Fall kann es trotz Quoting zu Missverständnissen kommen, da der Empfänger erst einmal überblicken muss, dass hier offenbar ein Fehler aufgetreten ist und zwei Nachrichten miteinander vermischt wurden. Nur die letzten drei Zeilen des Beispiels sind die eigentliche Antwort des Absenders, was aufgrund des vermeintlich technischen Fehlers zunächst vom Empfänger rekonstruiert werden muss.
Bei der Methode des Aufeinander-Bezug-Nehmens im Rahmen des direkten Quoting entsteht eine völlig neue Form der wechselseitigen Kommunikation, denn die Linearität der Kommunikationsabläufe wird zugunsten einer paral-

lel dargestellten Dialogizität aufgegeben, was spezifische Veränderungen nach sich zieht.[56] Wie bereits zuvor angesprochen, kommt aufgrund der Schriftlichkeit ein neues Verarbeitungskriterium zum Tragen, da das Gedächtnis durch Dialog-E-Mails entlastet wird. Relevante Kommunikationsstränge sind dokumentiert, so dass eine geringere Gedächtnisleistung für das Nachvollziehen der Interaktionsvorgänge erforderlich ist, als dies bei dem ersten Typus (ohne direktes Quoting) der Fall ist. Das gemeinsame Referenzobjekt bleibt als einheitlicher Bezugspunkt erhalten, so dass rekurrente Formulierungen unnötig werden, und die Beantwortung einer Frage oder die Stellungnahme zu etwas erfordert keinen gesonderten Verweis auf den Bezug der zu kommentierenden Stelle. Die komplexe Anfragestruktur bleibt in groben Zügen erhalten, und dadurch kommt es „zu völlig neuen Ausprägungen der Rede-Antwort-Gestaltung, weil vordem diskursdeiktische Bezugsformulierungen durch die tatsächliche Positionierung des Antworttextes hinfällig werden oder zumindest eine andere, zu neuen Redeelementen führende deiktische Ausgangslage herrscht."[57] Das Referenzobjekt ist konserviert und die Antworten werden an der entsprechenden Stelle eingefügt, so dass aufwendige anaphorische oder rekurrente Strukturen überflüssig werden, was dem Aspekt der Zeitersparnis in der E-Mail-Kommunikation sehr förderlich ist. Die Rezipienten jedoch müssen die kognitive Leistung erbringen, mehrere Dialogebenen auf einmal zu verwalten, was mit ein wenig Übung jedoch kein großes Problem darstellen sollte. Wenn man sich daran gewöhnt hat, dass die Ursprungsnachricht durch das Zeilenquoting unter Umständen in seinen Textualitätsmerkmalen aufgesplittet ist, stellt dieser Typ von Dialog erzeugenden E-Mails eine gute Möglichkeit für die Verwaltung von komplexen Interaktionsstrukturen dar. Die so entstehenden E-Mails enthalten ebenfalls eigene Textualitätsmerkmale, in denen Kohärenz und Kohäsion neu definiert werden müssen, aber die spezifische Deixis und der ungewohnte situative Rahmen konstruieren durchaus neue gültige kohärente und kohäsive Strukturen.[58]

---

[56] Vgl. Pansegrau: Dialogizität und Degrammatikalisierung, S. 94.
[57] Handler, P.: Stilistik auf dem Daten-Highway. Überlegungen zum stilwissenschaftlichen Umgang mit den neuen Medien. In: Jakobs, E.-M.; Knorr, D.; Molitor-Lübbert, S. (Hrsg.): Wissenschaftliche Textproduktion. Mit und ohne Computer; Frankfurt/Main 1995; zit. n.: Pansegrau: Dialogizität und Degrammatikalisierung, S. 94f.
[58] Vgl. Pansegrau: Dialogizität und Degrammatikalisierung, S. 95.

Insofern ist es nicht verwunderlich, dass mehr als die Hälfte der bezugnehmenden E-Mails im Stil einer Dialog-E-Mail geschrieben sind. Der Absender stellt die komplette Nachricht in 16 Fällen seiner jeweiligen Antwort vor bzw. nach, und bei den restlichen elf Belegen handelt es sich um das oben angesprochene Zeilenquoting, mit dem man gezielt auf einzelne Textpassagen eingehen kann. Verwunderlich ist allerdings, dass nur ein einziger Absender sich diese neuartige Möglichkeit des Zitierens zu Nutze macht. Ein Erklärungsansatz hierfür wäre, dass direkt gequotete Nachrichten eine sehr neue Form sind und stark von herkömmlichen Briefen differieren bzw. der Grad der Formalität bei diesem Typus wesentlich geringer ist als bei der Variante mit der vor- oder nachgestellten Ursprungsnachricht. Die äußere Form hat nur wenig mit klassischen Briefen zu tun, sondern erinnert höchstens ein wenig an die ebenfalls neueren und nicht so stark normierten Faxnachrichten, bei denen es gelegentlich auch vorkommt, dass der Empfänger direkt auf das Blatt mit der Anfrage schreibt und es dann als Form des direkten Quoting zurücksendet. Somit kann auch hier ein sequentieller Charakter der Turns gewahrt werden, indem man immer wieder auf das gleiche Blatt schreibt und es sich mit einem neuen Schreibbeitrag versehen gegenseitig zufaxt, wodurch eine Art Fax-Dialog zu Stande kommt.[59]

Im Bereich der Dialogizität sollte man neben den Quotingverfahren auch die Betreffzeilen nicht außer Betracht lassen. Das subject in E-Mails entspricht in traditionellen Briefen etwa der Betreffzeile und wird deshalb in deutschsprachigen E-Mail-Clients auch so genannt. Bei der ersten Durchsicht seiner Mailbox sollte der Betreff einer Nachricht bereits einen groben Überblick über den Inhalt der Nachricht liefern, damit der Empfänger möglichst schnell eine thematische Orientierung vornehmen kann. Die meisten MUAs stellen bei einer Antwort auf eine E-Mail meist automatisch ein weiteres Re bzw. ein AW vor den Betreff, der beibehalten wird, so dass unter Umständen in der Betreffzeile einer Nachricht mehrere Re vorkommen, was darauf hindeutet, dass es zwischen Sender und Empfänger bereits eine Art Dialog zu diesem Thema gegeben hat und mehrere E-Mails hin und her verschickt worden sind. In dem dieser Studie zu Grunde liegenden Korpus findet sich eine E-Mail, bei

[59] Vgl. Quasthoff: Kommunikative Normen, S. 44.

der dem eigentlichen Betreff fünf Res vorausgehen, was den regen Austausch der beiden Kommunikationspartner über dieses Thema widerspiegelt. Die erste E-Mail war eine Anfrage zu einem bestimmten Thema, und im Laufe des E-Mail-Wechsels wurde das subject nicht verändert, sondern durch immer mehr Res ergänzt, was schließlich zur folgenden E-Mail führte, die gerade diesen Prozess und seine Auswirkungen in der Betreff-Zeile karikiert:

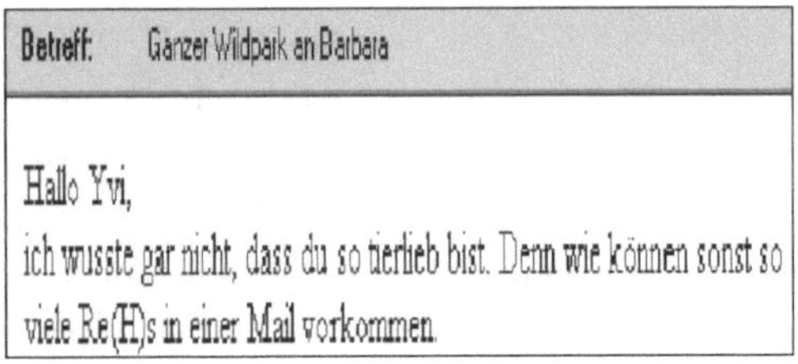
Betreff: Ganzer Wildpark an Barbara

Hallo Yvi,
ich wusste gar nicht, dass du so tierlieb bist. Denn wie können sonst so viele Re(H)s in einer Mail vorkommen.

Abb. 13: Karikierung einer unüberschaubaren Betreffzeile

Mit Hilfe des subjects „[...] nimmt [man] (vielfach) Bezug auf ein vorangegangenes Schreiben. Ein spezielles intertextuelles Muster ergibt sich jedoch aus der Möglichkeit, dass die in der Maske vorgegebene Subject-Benennung einerseits auf eine vorhergegangene Subject-Bezeichnung Bezug nehmen und sich andererseits auch auf den Text beziehen kann.“[60] Mit dem dieser Studie zu Grunde liegenden Korpus verhält es sich allerdings so, dass es kaum Belege für die Bezugnahme auf ein früheres subject liefert, sondern die E-Mail-Schreiber in 49 Fällen schlicht das subject der vorhergegangenen Nachricht übernommen haben. Es gibt innerhalb des untersuchten Korpus nur eine einzige Mail, die durch ihr subject (‚Deine Grüße') Bezug auf eine vorhergegangene Nachricht nimmt. Alle anderen Nachrichten, die nicht zu den oben angesprochenen 49 E-Mails gehören, haben entweder ein eigenständiges subject, in drei Fällen fehlt jeglicher Betreff oder aber sie sind keine Antworten im Sinne der Intertextualität. Insofern kann von einer „metaphorische[n] Dialogisierung der Subjects“[61], wie sie Günther und Wyss beschreiben, keine Rede sein.

Die subjects sind meist sehr kurz gehalten und bestehen in vielen Fällen nur aus einem oder zwei Wörtern, und nur 18 E-Mails des untersuchten Korpus

[60] Günther/Wyss: E-Mail-Briefe, S. 78.
[61] ebd.

haben eine kurze Phrase als Betreff, wohingegen der überwiegende Teil der subjects sehr allgemein gehalten ist und nur bedingt Auskunft über den Inhalt der E-Mail gibt. Vielfach finden sich schlichte Grußformeln o. Ä. wie ‚Grüße', ‚Moin!', ‚Nur mal so', ‚Hallo' etc. in den Betreff-Zeilen, die keine spezifische Inhaltsangabe liefern, sondern lediglich die Anrede des Empfängers vorwegnehmen.

Es lässt sich also festhalten, dass „die kommunikativen Kriterien *recipient design* [Hervorhebung im Original, YB], wechselseitige Darstellung und Interaktion als gemeinsame strukturelle Leistung [...] gegenüber der face-to-face-Kommunikation nur mit Abstufungen umgesetzt werden [können], insoweit ihr Funktionieren auf die Ko-Präsenz und damit auf unmittelbare, auf mehreren Kanälen online operierende Reziprozität zwischen den PartnerInnen angewiesen ist."[62]

3.1.3. Dialektale Einflüsse und Regionalismen

Die Dialektschreibung sowie die Verwendung von Regionalismen in E-Mails können als Belege für die Verschriftlichung der Mündlichkeit herangezogen werden, denn normalerweise kommen solche mundartlichen Elemente nur in face-to-face-Situationen zwischen zwei Partnern vor, aber in E-Mails erhalten sie Eingang in die Schriftlichkeit.
Es werden zwar nur selten ganze E-Mail-Texte in einem Dialekt geschrieben, aber es finden sich doch häufig Regionalismen, besonders im Bereich der Anrede- und Schlussformeln. Im Sprachgebrauch des Schweizerdeutschen scheint es allerdings vermehrt zum Gebrauch des Dialekts zu kommen, wie das folgende Beispiel einer vollständig mundartlich verfassten Nachricht zeigt[63]:

> Hoi VN,
> Du bisch ja ganz schoen vode Bildflaechi verschwunde. Ich han noe e Nachfrag betreffend ZUBELA. Da ich mini Workshop's mit zwe Kol-

[62] Quasthoff: Kommunikative Normen, S. 45.
[63] Günther/Wyss: E-Mail-Briefe, S. 71.

lege zaeme han, han ich gemaess Absprach e kei Materiallischte abgeh. Zudem haemmer ja emal ueber Farbe und Malmaterial zaeme gredt. Jetzt muessi doch nomal nahage.
Was isch bi dir bis zum Termin a Bschtellig inecho? Fuer d'Musig hani mini Sach zaeme. Bitte gibmer doch Bescheid.
Wie gaht's Dir eso im Usland? Das isch sicher noed eso schoen, wie in Zueri, oder doch? Schriib doch emal, wie es eso lauft?
Uebrigens Din Onkel het mer daenn im Fall nie zrugg gschriibe! Er muess es zimli schtreng ha.
Also, lasch mer alli gruesse in XY und mach's guet!
Gruessli
VN2

Da die E-Mails des Korpus dieser Studie fast alle von Absendern mit ruhrgebietssprachlichem Hintergrund stammen, ist es nicht verwunderlich, dass sich nur wenige Beispiele für dialektale Einflüsse und Regionalismen anführen lassen, da in dieser Region kaum mundartlich kommuniziert wird. In anderen Gegenden sollte sich die aufgestellte Behauptung hinsichtlich der Mundartlichkeit ohne Probleme belegen lassen, wie die Ausführungen von Günther und Wyss bestätigen. Es findet sich in dem dieser Studie zu Grunde liegenden Korpus keine vollständig mundartlich verfasste E-Mail, aber es lassen sich doch besonders im Bereich der Anrede und der Signatur Regionalismen feststellen, wie aus den folgenden Beispielen deutlich wird:

> salut,
> wollte doch nur kurz danke sagen, denn ich habe jetzt einen termin bei frau schuppener!

> --
> So. Das war's mal wieder.
> Bis denne

> So jetzt schreib' man zurück.
> Grüsslies von Inga

> Moin!
>
> Achso... Nö, is' ja eigentlich auch nicht ganz falsch. Aber das Problem ist halt dass ich zu der Zeit wohl eher in euren Regionen herumschwirren werde.

Abb. 14a-d: Regionalismen

Mundartliche Äußerungen suggerieren neben Vertrautheit und Nähe auch Mündlichkeit und Schnelligkeit der Produktionssituation, wie es bei einem Telefongespräch oder einer face-to-face-Kommunikation der Fall wäre. Durch dialektale Einflüsse wird die E-Mail-Kommunikation weiter in den Bereich der verschriftlichten Mündlichkeit gerückt, denn dieses Abweichen von der hochsprachlichen Norm ist für eine Form der schriftbasierten Kommunikation ansonsten untypisch.

3.1.4. Deixis

Unter Deixis wird in der Linguistik der Vorgang des Verweisens und des Zeigens mit Hilfe von Gesten oder sprachlichen Ausdrücken auf bestimmte Situationskomponenten verstanden. Diese Verweise können sich sowohl auf eine Person (*ich, sein, uns*) oder einen Ort (*dort, hier, da*) als auch auf eine zeitliche Angabe (*morgen, nun, gleich*) beziehen, was als personale, lokale bzw. temporale Deixis bezeichnet wird. Deiktische Ausdrücke können innerhalb eines geschlossenen Textes jedoch auch andere Verweisfunktionen übernehmen (*dieser, jener*). Es lässt sich also festhalten, dass deiktische Ausdrükke entweder sprachliche Ausdrücke innerhalb eines Textes oder außersprachliche Elemente im Verhältnis zu entsprechenden Sprechsituationen bezeichnen können.

Bereits in mündlichen Kommunikationssituationen können deiktische Ausdrücke gelegentlich zu Verwirrung führen, aber bei der E-Mail-Kommunikation stellt sich dieses Problem der möglichen Missverständnisse in größerem Maße, da einerseits die Möglichkeit der direkten Nachfrage fehlt, aber man andererseits offenbar weniger Wert auf eindeutige Formulierungen legt, als es in einem traditionellen Brief oder Fax der Fall ist. Die Bühler'sche

Hier-Jetzt-Ich-Origo verweist auf die raum-zeitliche Begrenztheit des Körpers und die dadurch eingeschränkten indexikalischen Möglichkeiten im Zeigfeld. Gerade im Bereich der computervermittelten Kommunikation und speziell im IRC kann es bei uneindeutigen Formulierungen zu Unklarheiten kommen, wie das folgende Beispiel verdeutlicht, in der die Ortsdeixis von einem der Kommunikationspartner missverstanden wird und erst im zweiten Turn geklärt werden kann.[64]

> <Karin> Horst: Gleich wird Theo herkommen.
> <Horst> Karin: Hier in den IRC?
> <Karin> Horst: Nein, er kommt mich besuchen für das Wochenende.

Für Horst ist es nicht klar, dass seine Kommunikationspartnerin Karin mit dem ortsdeiktischen Verweis *herkommen* eine proximale Auslegung verbindet, denn Horst deutet diesen Ausdruck vielmehr auf eine distale Weise und interpretiert Karins Aussage im Kontext des IRC. In einem anderen Medium wäre eine solche Situation undenkbar, da es bei einem Telefongespräch o. Ä. nicht möglich ist, das Medium als Referenzobjekt heranzuziehen bzw. in einem face-to-face-Gespräch auf ein anderes Referenzobjekt durch einen solchen ortsdeiktischen Ausdruck zu verweisen. Um solchen Missverständnissen vorzubeugen, hat sich im Bereich des IRC die Abkürzung ‚RL' für real life durchgesetzt, um Gegebenheiten des wahren Lebens vom Computerraum abzugrenzen.[65] Da dieses Problem der ortsdeiktischen Verweise aber ein spezielles Problem des IRC zu sein scheint, gibt es in dem dieser Studie zu Grunde liegenden Korpus keinen Beleg für solche Missverständnisse. Allerdings scheinen sich die Nutzer der E-Mail-Kommunikation darauf eingestellt zu haben, dass deiktische Verweise im Zweifelsfall besser aufzulösen sind, da sie bereits in unmittelbaren lautsprachlichen Gesprächen bisweilen Schwierigkeiten machen und im Distanzbereich der E-Mail-Kommunikation noch unschärfer werden, so dass eine explizite Information für ihre korrekte Interpretation unumgänglich ist. Insofern werden vor allem zeitdeiktische Verweise häufig durch die Angabe eines genauen Datums oder zumindest durch die

---

[64] Haase u. a.: Internetkommunikation und Sprachwandel, S. 67.
[65] Vgl. Haase u. a.: Internetkommunikation und Sprachwandel, S. 68.

Nennung eines Wochentages aufgelöst, obwohl es prinzipiell möglich ist, mit Hilfe der im Header stehenden Zeitangabe solche Verweise aufzulösen.

> Hallo zusammen!
>
> Ab morgen, 01.03.2001, habe ich eine neue Hanydnummer!

> Ich habe heute (Donnerstag) schon versucht, Julia anzurufen, um sie zu fragen, ob sie sich lange genug für eine solche Exkursion von ihrer Magisterarbeit losreißen könnte oder wollte, habe sie aber noch nicht erreichen können.

Abb.15a-b: Auflösung der deiktischen Verweise

Aufgrund der Dialogsituation und der Möglichkeit des Quoting bei der E-Mail-Kommunikation kann die Problematik der Missverständnisse aufgrund von unspezifischen Angaben also leicht umgangen werden, und es scheint bei textverweisenden Elementen somit kaum zu Problemen zu kommen. Trotz des Fehlens vermeintlich entscheidender Informationen und Kohärenz herstellender Elemente wird der Sinn der Nachricht meist richtig erfasst.[66] Obwohl in vielen E-Mails kaum rekursive oder anaphorische Mittel auszumachen sind, ist die Orientierung an einem gemeinsamen Referenzobjekt offenbar doch möglich, da der referentielle Rahmen wohl aus dem kommunikativen Kontext erschlossen wird – so wie man es auch bei der face-to-face-Kommunikation tut. Wenn allerdings jegliche Bezüge fehlen, so scheinen E-Mails für Außenstehende oft unverständlich.

> Hallo Yvi,
> kein Problem.
>
> Es ist nur immer sehr viel einfacher für mich, wenn du mir Deine bevorzugten Marken für jedes einzelne Produkt mitteilst.
>
> Ich werde diese Dinge dann in der ersten Woche nach meinem Urlaub organisieren.
>
> Viele Grüße
> Barbara
>
> ---
> Sie surfen im Internet statt im Meer? Selbst schuld!
> Auf zum Strand: http://lastminute.de/?PP=1-0-100-105-1

[66] Vgl. Pansegrau: Dialogizität und Degrammatikalisierung, S. 100.

Hi Yvonne,

nicht zu danken, ist ja kein Problem !

Danke!!!
Gruß
Ramona

Abb. 16a-c: Unklare Bezüge

Diese E-Mails scheinen nur für die beteiligten Kommunikationspartner verständlich. Der Absender geht davon aus, dass der Empfänger seine letzte Nachricht noch präsent hat und lässt deswegen den genauen Bezug außen vor, denn er setzt vielmehr voraus, dass der Hintergrund explizit klar ist und gibt keine referentiellen Bezüge mehr mit an. Problematisch kann dieses Verhalten allerdings werden, wenn die Dialogsituation zum Beispiel wegen einer längeren Offline-Zeit nicht mehr gegeben und der Referenzrahmen einem der Kommunikationspartner nicht mehr präsent ist. Insofern ist es sinnvoll, deiktische Ausdrücke durch entsprechende referentielle Bezüge oder Quoting aufzulösen, um Missverständnissen vorzubeugen bzw. den Empfänger nicht in der vorausgegangenen Korrespondenz nachschauen lassen zu müssen. Um deiktische Verweise noch deutlicher herauszustellen, hat sich ein weiteres Mittel etabliert, das im Folgenden näher erläutert wird.

3.1.5. Emulierte Prosodie

Einen weiteren Aspekt des Einflusses gesprochener Sprache innerhalb computervermittelter Kommunikation stellt die emulierte Prosodie dar. Unter emulierter Prosodie wird die Nachahmung einer besonderen Betonung, eines besonderen Tonfalls o. Ä. durch graphostilistische Mittel verstanden. In der geschriebenen Sprache können Akzentfiguren, Pausen- oder Tonhöhenstrukturen sowie Metrum und Rhythmus des Redeflusses eigentlich nicht dargestellt werden, aber dennoch versuchen die E-Mail-Nutzer solche prosodischen Figuren in ihren Nachrichten umzusetzen, um den Charakter der direkten, mündlichen Kommunikation aufrecht zu erhalten bzw. zu verstärken. Die Grundlage der Kopräsenz der Kommunikationspartner als formales Kriterium ist in der E-Mail-Kommunikation nicht gegeben, wodurch die ansonsten vorhandene Mehrkanalität der Kommunikation entfällt, so dass ein simultanes Abstimmen auf visueller und auditiver Ebene unmöglich und eine Anpassung der sprachlichen Form der Äußerung nicht ad hoc realisiert werden kann.

> Hi Yvonne,
>
> habe gerade mit Ramona abgesprochen, daß Du am Freitag das Geld mitnimmst, da ja mein Zug mal AUSGERECHNET an diesem Morgen später kommen könnte und da Du ja eh in Essen wohnst...;))
>
> Ist doch die beste Lösung, oder ?
>
> Gruß
>
> André

> Liebe Frau Beuter,
>
> DANKE für die Kassette!

> Hi!
>
> Ich hatte gestern leider keine Zeit mehr, dir zu schreiben (Tanzen, Freunde...); wie das eben so ist! Jetzt muss ich auch gleich los, und heute abend werde ich dir wohl auch nicht schreiben können. Aber morgen habe ich ab ca. 16 Uhr Zeit dir ALLES zu berichten!
>
> Tschüss und viel Spaß in der Uni!!!
> Sven

Abb. 17a-c: Emulierte Prosodie

In einem persönlichen Gespräch würde man die besondere Hervorhebung der großgeschriebenen Wörter wahrscheinlich durch eine stärkere Betonung oder einen speziellen Akzent realisieren. Da ein solches prosodisches Element in der E-Mail-Kommunikation aufgrund der Schriftlichkeit nicht realisierbar ist, wird es durch andere graphische Merkmale emuliert, das heißt, der Akzent als prosodisches Element der gesprochenen Sprache wird verschriftet. In dem dieser Studie zu Grunde liegenden Korpus finden sich insgesamt vier Fälle von emulierter Prosodie, die sowohl in der privaten als auch in der beruflichen E-Mail-Kommunikation eingesetzt worden sind, um einen Sachverhalt besonders hervorzuheben. Als Sonderfall der emulierten Prosodie wird auch der kreative Gebrauch von Satzzeichen gewertet. Die Absender haben in 8 Fällen kein einfaches Ausrufezeichen an das Ende ihres Satzes gestellt, sondern sie haben es verdreifacht, um die Intensität ihrer Aussage zu verstärken. Ähnliches gilt für die Reduplikation von Fragezeichen, die sich in insgesamt 5 Fällen des untersuchten Korpus ausmachen lassen.

Die emulierte Prosodie ist folglich eng im Zusammenhang mit der Deixis zu sehen, weil durch die besondere Hervorhebung eines Wortes Missverständnisse bezüglich Zeit- oder Ortsverweisen vermieden werden sollen. Zur deutlichen Hervorhebung bieten sich nur wenige Möglichkeiten mit geringen Abstufungsvarianten. Die spezielle Emphase eines Wortes kann dadurch erfolgen, dass man das Wort komplett in Großbuchstaben schreibt, wie die oben angeführten Beispiele verdeutlichen, das entsprechende Wort kann in Asteriske gesetzt werden, es können aber auch einzelne Buchstaben des Wortes entweder redupliziert werden oder Leerschritte zwischen ihnen offen gelassen werden. Selbstverständlich ist auch eine Kombination aller vier aufgezählten Kennzeichnungsarten möglich, da es ganz auf die Kreativität der E-Mail-Schreiber und ihre persönlichen Vorlieben ankommt. So fällt die komplette Großschreibung eines Wortes innerhalb einer sonst nur in Kleinbuchstaben verfassten E-Mail wesentlich deutlicher als in einem orthographisch normal geschriebenen Text auf.

3.1.6. Phonologische Deviationen

Phonologische Deviationen, die als Beleg für den Einfluss der gesprochenen Sprache auf die Schriftlichkeit der E-Mail-Kommunikation herangezogen werden können sind ein häufig anzutreffendes Stilelement in der E-Mail-Kommunikation. Im Bereich der phonologischen Deviation soll zwischen den drei Typen der Subtraktion unterschieden werden. Erstens der Aphäresis am Wortanfang (Beispiel: ´n bisschen = ein bisschen), zweitens der Synkope in der Wortmitte (Beispiel: g´sehen = gesehen) und drittens der Apokope am Wortende (Beispiel: ich find´ = ich finde). In allen untersuchten Nachrichten dieser Studie finden sich 18 Beispiele für Aphäresen, zwei Synkopen und 14 Apokopen. In 134 E-Mails lassen sich also insgesamt 34 Fälle von phonologischen Deviationen ausmachen, das heißt, in etwa jeder vierten Nachricht nutzt der Schreiber diese Möglichkeit zur Verkürzung der Ausdrucksweise in einem der Mündlichkeit nachempfundenen Stil. Im Bereich der Aphäresis kommen am häufigsten Variationen des Typs ‚ne' anstatt ‚eine', ‚nen'/‚n' für ‚einen' usw. vor, und im Bereich der Synkope verzichten viele E-Mail-Nutzer auf das Flexionsmorphem <e> und schreiben anstelle von ‚ich mache' nur ‚ich mach' usw. Unterschiedlich hingegen scheint der Grad der Reflexion über diese Vorgehensweise bei den Verfassern zu sein, denn in einigen Fällen findet sich ein Auslassungszeichen, wenn eine Subtraktion vorgenommen wurde, aber meist sind sich die Schreiber dessen entweder nicht bewusst und kennzeichnen es nicht als Deviation oder – und das scheint die wahrscheinlichere Ursache – diese zusätzlichen Zeichen werden im Sinne einer Zeitersparnis schlicht weggelassen, da sie für das Verständnis der Aussage sowieso nicht erforderlich sind. Diese Subtraktionen innerhalb des Ausdrucks sind ein deutlicher Beweis für sprechsprachliche Komponenten in dem schriftlich fixierten Medium E-Mail, denn in anderen schriftsprachlichen Texten kommen solche Verkürzungen, die der Umgangssprache entlehnt sind, nicht in einem so großen Ausmaß vor.

3.1.7. Syntaktische Rekurrenzen

Neben den bereits angesprochenen phonematischen Aspekten kommen in E-Mails auch syntaktische und grammatikalische Konstruktionen wie beispielsweise Anakoluthe, Aposiopesen, Parenthesen, Ellipsen oder Kongruenzfehler vor, die ansonsten nicht in der Schriftsprache zu finden sind. Dies legt den Schluss nahe, dass die syntaktische Korrektheit, die normalerweise bei einer kommunikativen Distanz unabdingbar ist, bei der E-Mail-Kommunikation nur eine untergeordnete Rolle spielt.

Satz- und Konstruktionsabbrüche, Nachträge oder gar Korrektursignale bzw. unkorrigierte Fehler sind in E-Mails keine Seltenheit, aber das Verständnis scheint in den meisten Fällen dennoch nicht eingeschränkt zu sein, da die Empfänger den kommunikativen Kontext offenbar noch herstellen können.[67]

In dem dieser Studie zu Grunde liegenden Korpus finden sich 9 Aposiopesen, 4 Anakoluthe und insgesamt 51 Ellipsen, was die E-Mail-Kommunikation noch näher Richtung Mündlichkeit verortet, denn normalerweise sind „im Falle von kommunikativer Distanz zwischen den Beteiligten [...] größere Textkohärenz, eine strukturierte Semantik und explizite Verknüpfungen zwischen den jeweiligen Textteilen erforderlich."[68] In der E-Mail-Kommunikation scheint diese Aussage aber offenbar keine Gültigkeit mehr zu besitzen, denn ansonsten dürften sich nicht so viele unvollständige Sätze finden lassen, die dennoch keine Rückfragen hinsichtlich des Verständnisses nach sich ziehen. Konstruktionen, die der Aposiopese nahe stehen, sind gleichsam bedingt durch die Schnelligkeit bei der Produktion. Häufig antizipieren E-Mail-Verfasser die Fragen ihres Kommunikationspartners und nehmen die Antwort auf eventuell folgende Frage vorweg, indem sie stichwortartig bereits im Vorfeld Auskunft geben, um nicht semantisch äquivalente kausale Nebensätze tippen zu müssen.[69]

Im Bereich der syntaktischen Rekurrenz stellen die Ellipsen das bei weitem auffälligste Merkmal für den Einfluss der gesprochenen Sprache auf die Schriftlichkeit der E-Mails dar. Es findet in mehr als jeder dritten E-Mail ein grammatikalisch unvollständiger Satz, denn das gesamte Korpus von 134

---

[67] Vgl. Pansegrau: Dialogizität und Degrammatikalisierung, S. 101.
[68] Haase u. a.: Internetkommunikation und Sprachwandel, S. 61.
[69] Vgl. Haase u. a.: Internetkommunikation und Sprachwandel, S. 76.

E-Mails weist im Ganzen 51 elliptische Sätze auf. Mit einer Häufigkeit von 45 Fällen handelt es sich in den meisten Fällen um kontextfreie Ellipsen, in denen schlichtweg das Subjekt in Form des Personalpronomens entfällt, wohingegen kontextuelle Ellipsen nur in drei E-Mails zu finden sind und situative Ellipsen ebenfalls bloß dreimal im Korpus vorkommen. Diese Häufigkeit der kontextfreien Ellipsen lässt sich ebenfalls mit der Nähe zur Mündlichkeit erklären weil ein Personalpronomen als Subjekt für das Satzverständnis meist nicht zwingend erforderlich ist. Die Kürze dieser Sätze rückt die E-Mail-Kommunikation in die Nähe des Telegrammstils, denn alles Überflüssige wird zugunsten einer schnellen, aber dennoch präzisen Informationsübermittlung weggelassen. Obwohl die Sätze häufig grammatikalisch inkorrekt sind, scheint es auf der kommunikativen Ebene keinerlei Schwierigkeiten zu geben, denn es gibt keine Verständnisfragen, auch wenn die E-Mail nur aus grammatikalisch unvollständigen und orthographisch falschen Sätzen besteht. Hinsichtlich einer genaueren Analyse der Fehlerhäufigkeit und –toleranz sei aber an dieser Stelle bereits auf das noch folgende Kapitel 4 verwiesen.

3.1.8. Weitere Elemente gesprochener Sprache

Wie bereits zu Beginn des Kapitels dargestellt wurde, versuchen E-Mails bisweilen, die Situation eines nahen bzw. distanzlosen Gesprächs nachzustellen, was sich unmittelbar auf den Sprachgebrauch auswirkt, denn es finden sich in E-Mails ungewöhnlich viele umgangssprachliche und humorvoll-ironische Ausdrücke sowie andere konzeptionell mündliche Entlehnungen, die dem computerbasierten Text ein wenig die Farblosigkeit und Strenge nehmen sollen.[70] Bedingt durch die Schnelligkeit des Mitteilens wird nicht immer auf syntaktische und orthographische Normen o. Ä. geachtet. Gerade in spontanen face-to-face-Situationen findet sich eine Vielzahl von umgangssprachlichen Formulierungen, und wenn bei der schriftlichen Gestaltung von E-Mails ebenfalls schnell agiert wird, hat dies zur Folge, dass auch hier eine Verschriftlichung der Mündlichkeit im oben angesprochenen Sinn anzutreffen ist. So beispielsweise einige kausale Nebensätze auf, in denen das Prädikat die Primärstellung einnimmt, und die ansonsten nur in persönlichen Gesprächs-

situationen, aber niemals in anderer schriftlicher Kommunikation denkbar wären.
Weitere typische Merkmale für Variationen gesprochener Sprache lassen sich folgendermaßen beschreiben: Die Wortwahl wird innerhalb der E-Mail-Kommunikation nur sehr bedingt variiert, und der Sprachduktus bewegt sich generell auf einem eher niedrigen Niveau. Viele E-Mails scheinen in puncto Stilistik nur wenig geplant und durchdacht, sondern vermitteln eher den Eindruck einer schnell verfassten Nachricht, bei der es weniger um die Form als um den Inhalt und das Mitteilen an sich geht. Zudem findet man häufige *und*-Verknüpfungen, verbunden mit einfachen parataktischen Reihen, die für die Schriftsprache ansonsten vollkommen untypisch sind und nur in mündlichen Kommunikationssituationen ohne eine gedankliche Herabsetzung des Verfassers hinsichtlich seiner sprachlichen Fähigkeiten geduldet werden. Des Weiteren gibt es in zahlreichen E-Mails umgangssprachliche Kurzwörter wie ‚nix', ‚nee', ‚nö' etc., die ebenfalls der Mündlichkeit mit ihrer speziellen Lexik zuzuordnen sind. Dem Bereich der verschriftlichten Mündlichkeit lassen sich zudem die zahlreichen Belege für Assimilationen bzw. Iterationen zuordnen, in denen die Schreiber entweder zwei Worte miteinander haben verschmelzen lassen (zum Beispiel ‚kannse' = ‚kannst du', ‚machse' = ‚machst du' usw.) oder ein Wort durch die Reduplikation eines oder mehrerer Buchstaben besonders hervorheben. Im Sinne der sprachlichen Ökonomie haben es sich viele E-Mail-Nutzer angewöhnt, Verb und Pronomen zusammenzuziehen. Im Korpus finden sich insgesamt 26 Bespiele für diese Art der Assimilation, bei der die Schreiber beispielsweise nicht ‚so war es', sondern nur vereinfacht ‚so wars' schreiben, da das Verständnis auch bei dieser Kurzform gewährleistet ist. Diese Form der Vereinfachung findet sich erstaunlicherweise nicht nur in der privaten E-Mail-Kommunikation, sondern auch in 6 Nachrichten, das heißt ca. 25% des Korpusteils, der dem beruflichen Bereich entstammt.
Viele E-Mails sind, syntaktisch betrachtet, entweder telegrammstilartig gehalten oder die Schreiber bedienen sich vermehrt Modalpartikeln oder Gesprächswörtern, was eher an eine mündliche Unterredung als an einen schriftlichen Brief erinnert, wie aus den beiden folgenden Beispielen deutlich wird. Abbildung 18 weist nur wenige typisch mündliche Komponenten auf,

---

[70] Vgl. Günther/Wyss: E-Mail-Briefe, S. 71.

wohingegen Abbildung 19 nicht dem oben angesprochenen Telegrammstil nahe steht, sondern vielmehr die Übertragung eines Gespräches in die E-Mail-Kommunikation darstellt.

Hallo Yvonne
Wie war die Fahrradtour?
Ich nicht zu anstrengend!
Leider konnte ich nicht mitfahren.
Wer ist denn mitgefahren?
Vielleicht hast du ja heute Langeweile. (Siehe Anlage!)
Bis dann und schönes Wochenende
Arnd

Abb. 18: Telegrammähnliche E-Mail

Jedenfalls ist nächsten Mi. auch die Nadine von der Hochzeitsreise wieder
zurück (wo sind die
eigentlich hingefahren?). Ich weiss gar nicht ob dann Julianes Nadine auch
wieder den Sa.-Kurs
gibt. Muss ich sie mal fragen. Die kommen ja am Sa. aus dem Urlaub zurück.
Machst Du auch bei dem Cycle-Marathon in Bochum am 22.06.01 mit? Da müssen
wir der Nadine nämlich
dann eine Liste machen, damit sie uns alle da eintragen kann. Ich glaube da
kann man sich 2 Wochen
vorher eintragen für. Ich werde auf jeden Fall mitmachen auch wenn gerade
diese Woche superstressig
ist, aber egal.
So jetzt schreib' man zurück.
Grüsslies von Inga

Abb. 19: Gesprächsähnliche E-Mail

3.2. Ausdruck von Gefühlen

Im Bereich der computervermittelten Kommunikation mit ihrer medialen Schriftlichkeit können nonverbale Signale der Mündlichkeit wie Körperhaltung, Mimik, Gestik, Tonfall etc. nicht unmittelbar dargestellt werden, so dass sie durch andere Mittel ersetzt werden müssen. Im Laufe der Zeit haben sich in der gesamten Internetkommunikation Verfahren herausgebildet, die diese metasprachlichen Zeichen substituieren sollen, aber es ist nicht möglich, alle nonverbalen Signale zu reproduzieren, und insofern kann computervermittelte Kommunikation niemals eine so persönliche Note wie ein direktes Gespräch haben, zumal in der E-Mail-Kommunikation Rede und Gegenrede zeitlich entkoppelt sind. Ein gravierender Unterschied zur face-to-face-Kommunikation besteht im Fehlen eines gemeinsamen materiellen Wahrnehmungs- und Handlungsraums, so dass soziale Interaktion im Sinne von aufeinander bezogenem Handeln unmöglich ist.[71]

Bei textbasierten Medien muss jede ironische oder nicht ernst gemeinte Bemerkung explizit als solche gekennzeichnet werden. Ähnlich wie bei der emulierten Prosodie haben sich bestimmte Kennzeichnungskonventionen herausgebildet, die Missverständnisse zwischen den Kommunikationspartnern ausschließen und die Aussageabsicht des Senders unterstreichen sollen. Solche Ideogramme decken einen Bereich ab, in dem die Schriftsprache als unzureichend empfunden wird und stehen somit nahe an der konzeptionellen Mündlichkeit. Ideogramme sind an das schriftliche Medium gebunden und können nicht in die Mündlichkeit übertragen werden. In der Schriftsprache finden sich seit ältester Zeit Ideogramme, aber niemals vorher wurden sie im Sinne einer konzeptionellen Mündlichkeit verwendet – dies ist eine Neuerung, die erst mit der computervermittelten Kommunikation eingesetzt hat.[72]

3.2.1. Theoretische Konzeptionen

In den beiden folgenden Unterkapiteln wird belegt werden, dass die Theorie der Kanalreduktion[73] nur in bedingtem Maße die Realität der E-Mail-Kommunikation widerspiegelt. Zwar sind die meisten Sinnesmodalitäten ausgeschlossen, so dass unbestreitbar eine Reduktion der Sinnesreize auf physikalischer Ebene vorliegt, aber es kann dennoch nicht von einer Verarmung und Entleerung der Kommunikation mit einer Reduktion der gemeinsamen Handlungsmöglichkeiten gesprochen werden. Die These von Kubicek

---

[71] Vgl. Döring: Kommunikation im Internet, S. 269.
[72] Vgl. Haase u. a.: Internetkommunikation und Sprachwandel, S. 64f.
[73] Vgl. Döring: Kommunikation im Internet, S. 276f.

und Rolf[74], Mettler-Meibom[75] oder Volpert[76] kann also nicht gestützt werden, denn im untersuchten Korpus kann von einer Entsinnlichung, Entemotionalisierung und Entmenschlichung der Kommunikation nicht die Rede sein, auch wenn aufgrund der technischen Rationalität typisch menschliche Kommunikationsmerkmale wie Emotionalität, Ambiguität, Unkalkulierbarkeit etc. zugunsten von Ökonomie, Geschwindigkeit, Logik usw. größtenteils entfallen müssen. Mediale Telekommunikation kann niemals ein Äquivalent zur Kopräsenz darstellen, aber gerade Netiquetten warnen davor, den Menschen auf der anderen Seite des Computers zu vergessen. Die oben genannten Vertreter des Kanalreduktionsmodells scheinen die Formen und Nutzungsanlässe der CMC zu wenig zu differenzieren, denn die These, dass Raum, Zeit und Materie verschwinden, ist unhaltbar. Vielmehr scheinen neue Theorien, zum Beispiel von Elsner u. a.[77] oder von van Dijk[78], plausibel, die besagen, dass es zu einer spezifischen Form der Körperdistanzierung bei gleichzeitiger Köperaufwertung sowie zu neuen Kombinationsformen von Raum- und Zeitstrukturen kommt.

3.2.2. Emoticons

Um Gefühle in E-Mails besser ausdrücken zu können, haben sich in der computervermittelten Kommunikation Glyphen herausgebildet, mit denen bestimmte Phrasen annotiert werden und die entweder als Smileys oder genereller als Emoticons bezeichnet werden. Emoticons sind „Zeichenketten, die in Form von Tokens verwendet werden und Stimmungen ausdrücken sol-

---

[74] Vgl. Kubicek, H.; Rolf, A.: Mikropolis. Mit Computernetzen in die „Informationsgesellschaft". Pläne der deutschen Bundespost, Wirtschaftliche Hintergründe, Soziale Beherrschbarkeit, Technische Details; Hamburg ²1986.

[75] Vgl. Mettler-Meibom, B.: Wie kommt es zur Zerstörung zwischenmenschlicher Kommunikation? Überlegungen über längerfristige Tendenzen und die Anwendung von Computern. In: Rammert, W. (Hrsg.): Computerwelten – Alltagswelten. Wie verändert der Computer die soziale Wirklichkeit? Opladen 1990, S. 65-90.

[76] Vgl. Volpert, W.: Zauberlehrlinge. Die gefährliche Liebe zum Computer; Weinheim u. Basel 1985.

[77] Vgl. Elsner, M. u. a.: Zur Kulturgeschichte der Medien. In: Merten, K.; Schmidt, S. J.; Weischenberg, S. (Hrsg.): Die Wirklichkeit der Medien. Eine Einführung in die Kommunikationswissenschaft; Opladen 1994, S. 163-187.

[78] Vgl. van Dijk, J. A. G. M.: Communication Networks and Modernization. In: Communication Research, Bd. 20 (1993), S. 384-407.

len."[79] Das Kunstwort *Emoticon* ist eine Zusammenziehung der beiden Wörter *Emotion* und *Icon*.
Emoticons sollen als Zeichen des Gefühls der schriftlichen Kommunikation auf der einen Seite eine persönlichere Note geben und auf der anderen Seite oben erwähnten Missverständnissen besonders im Bereich der fehlenden nonverbalen Signale vorbeugen. Mittlerweile sind aus den einfachen Smileys zum Teil kleine ASCII-Art-Kunstwerke geworden, die über die reine Vermittlung von Stimmungslagen weit hinausgehen, aber einige Smileys sind auch nur als subtile Karikaturen zu verstehen, die ansonsten keinen tieferen Sinn transportieren sollen.
Niedermeier hat inzwischen ein ganzes Buch zur „Kultkommunikation ohne Worte" zusammengestellt, in dem der Leser bei den „emotions" angefangen über die „college icons", die „nasty icons" zum „here I am" der Smileys geführt wird, um dann „around the world" nach dem „electronic food", dem „Symbolismus" und den „Augenblicken" mit den „sexicons" zu stoppen.[80] In ihrem Werk dokumentiert sie die Vielfalt der Emoticons und ihre unterschiedlichen Einsatzmöglichkeiten im Bereich der computervermittelten Kommunikation bzw. mittlerweile sogar in der Mobilfunkkommunikation per SMS. Anhand dieses Buches wird deutlich, dass der Neuschöpfung von Smileys schier keine Grenzen gesetzt sind, da immer neue Zeichenketten mit Hilfe der Computertastatur geschaffen werden können.
Generell unterschieden werden zwei Typen von Emoticons. Seltener gibt es aufrechte Typen, die innerhalb der Leserichtung geschrieben sind und die meist Gegenstände symbolisieren, aber bei den meisten Smileys muss der Kopf um 90° nach Links gedreht und ein wenig Phantasie aufgebracht werden, um sie dekodieren zu können. Es kommt gerade bei den komplexeren Emoticons vor, dass es unterschiedliche Deutungsvarianten gibt, wie aus der am Ende des Kapitels stehenden Tabelle deutlich wird.
Das erste Ideogramm, der sogenannte Ursmiley :-) wurde 1980 in einem Newsartikel von Scott Fahlmann benutzt.[81] Der Doppelpunkt stellt ein Paar Augen dar, der Bindestrich symbolisiert eine Nase und die geschlossene Klammer ist einem lachenden Mund nachempfunden. Gelegentlich wird der

---

[79] Schade: Dienste im Internet, S. 52.
[80] Vgl. Niedermeier: Emoticons.
[81] Vgl. Haase u. a.: Internetkommunikation und Sprachwandel, S. 64.

Bindestrich im Sinne einer Rationalisierung weggelassen, da er im Gegensatz zu den übrigen Smileykomponenten keinen spezifischen Inhalt transportiert und er – abgesehen von sehr wenigen Ausnahmen – in allen Smileys immer gleich vorkommt. So stellt :) die verkürzte Form des Ursmileys dar und als Gegensatz zum verkürzten Smiley gibt es zudem eine Langform, bei der die Klammer redupliziert wird, um einen erhöhten Grad der Fröhlichkeit anzudeuten; so soll :-)) deutlich mehr Freude als :-) symbolisieren.

Im Laufe der Zeit haben die Computernutzer mehrere hundert verschiedene Smileytypen für jeden erdenklichen Anlass erfunden, von denen jedoch einige etablierter und allgemeinverständlicher zu sein scheinen als andere.[82] So findet sich in dem dieser Studie zu Grunde liegenden Korpus neben dem Ursmiley, der in insgesamt fünf E-Mails vorkommt, außerdem noch neunmal der sogenannte zwinkernde Smiley ;-), der dem Empfänger verdeutlich soll, dass das zuvor Gesagte nicht allzu ernst genommen werden soll, und zweimal der traurige Smiley (= Frowny) :-(, bei dem die Klammer im Gegensatz zum Ursmiley nicht geschlossen, sondern geöffnet ist, so dass insgesamt nur drei verschiedene Smileytypen im gesamten Korpus auszumachen sind. Gerade die verhältnismäßig häufige Benutzung des zwinkernden Smileys, der meist ironische Anmerkungen annotiert, macht deutlich, dass Emoticons zum Teil unumgänglich sind, wenn man nicht möchte, dass Bemerkungen falsch aufgefasst werden. Es wäre prinzipiell auch möglich, ein kurze Anmerkung hinter die nicht ernst gemeinte Aussage zu schreiben, aber ein kurzes Emoticon ist zum Einen stilistisch ansprechender, und zum Anderen erfordert diese Ergänzung weniger Zeitaufwand. Bei der weiteren Analyse des Korpus fällt jedoch auf, dass die Absender neben dem Gebrauch eines zwinkerenden Smileys noch eine weitere Möglichkeit geschaffen haben, Ironie auszudrücken; offenbar werden auch drei aufeinanderfolgende Punkte zur Kennzeichnung nicht ernst gemeinter Bemerkungen verwendet, wie die insgesamt 54 Vorkommnisse des reduplizierten Satzschlusszeichens belegen, von denen sich 38 Fälle eindeutig der metasprachlichen Annotierung zuordnen lassen.

---

[82] Vgl. Haase u. a.: Internetkommunikation und Sprachwandel, S. 64.

Zur Verdeutlichung der Kreativität der Internetnutzer seien an dieser Stelle einige Emoticons genannt, deren Dekodierung dem Empfänger zum Teil schon eine große Phantasie abverlangt[83]:

Zeichenfolge	Bedeutung
_/~o	Eine Tasse Kaffee.
~~O~~	Sonnenuntergang am Meer.
@-`-,---	Eine Rose.
o--	Ein Dauerlutscher.
@ ^-^@	Erröten nach einer Peinlichkeit.
:-)	Der lachende Ursmiley für witzige Bemerkungen.
:-(	Ein trauriger Smiley.
;-)	Ein zwinkernder Smiley für ironische Bemerkungen.
:-|	Ein gleichgültiger Smiley oder ein Smiley, der nicht weiß, ob er sich freuen oder traurig sein soll.
(-:	Der Absender ist Linkshänder.
:->	Ein verschmitzter Smiley.
:-o	Ein gähnender Smiley.
: -u	Ein gähnender Smiley.
>:->	Ein teuflischer Smiley.
:-p	Ein Smiley, der die Zunge herausstreckt.
%-)	Der Absender hat lange vor dem Bildschirm gesessen.
8-)	Der Absender trägt eine Sonnenbrille.
B:-)	Der Absender hat eine Sonnenbrille auf dem Kopf.
::-)	Der Absender trägt eine Brille.
:-{)	Der Absender hat einen

83 Vgl. Walter: Smiley-Lexikon.

<table>
<tr><td></td><td>Schnurrbart.</td></tr>
<tr><td>:-{}</td><td>Die Absenderin trägt Lippenstift, oder der Absender hat einen Vollbart.</td></tr>
<tr><td>{:-)</td><td>Der Absender trägt ein Toupet.</td></tr>
<tr><td>:-*</td><td>Der Absender hat gerade etwas Saures gegessen, es ist ihm etwas Peinliches passiert, oder er sendet ein Küsschen.</td></tr>
<tr><td>:-x</td><td>Der Absender ist verschwiegen oder er sendet ein Küsschen.</td></tr>
<tr><td>:-#</td><td>Der Absender ist verschwiegen.</td></tr>
<tr><td>:`-(</td><td>Der Absender weint.</td></tr>
<tr><td>:`-)</td><td>Der Absender weint vor Glück.</td></tr>
<tr><td>-:-)</td><td>Der Absender ist ein Punk.</td></tr>
<tr><td>:-q</td><td>Der Absender ist Raucher.</td></tr>
<tr><td>:-?</td><td>Der Absender ist Pfeifenraucher.</td></tr>
<tr><td>o:-)</td><td>Der Absender hat einen Heiligenschein.</td></tr>
<tr><td>~ :-)</td><td>Der Kopf des Absenders raucht vom Lernen.</td></tr>
<tr><td>C|:-|</td><td>Der Absender ist Engländer.</td></tr>
<tr><td><;-<-</td><td>Der Absender ist Chinese.</td></tr>
<tr><td>=|:-)=</td><td>Uncle Sam.</td></tr>
<tr><td>+-:-)</td><td>Der Papst.</td></tr>
<tr><td>*<|:-)</td><td>Der Weihnachtsmann.</td></tr>
</table>

Tab. 4: Emoticons und ihre Bedeutung

Diese Übersicht kann nur einen kleinen Teil der existierenden Emoticons wiedergeben, denn der Kreativität hinsichtlich der Kombination der Zeichen einer Tastatur sind kaum Grenzen gesetzt, und im Prinzip kann sich jeder Computernutzer ein eigenes neues Emoticon schaffen, denn die Kombinationsmöglichkeiten einer Folge von Computerzeichen ist schier unerschöpflich, besonders wenn man zusätzlich noch fremdsprachige oder bildhafte Zeichensätze mit einer normalen Schriftart kombiniert. Mittlerweile

werden sogar Wettbewerbe ausgeschrieben, in denen es darum geht, einen neuen, ausgefallenen Smiley zu entwickeln.[84] Solche Emoticons sind allerdings kaum mehr zu entschlüsseln, da sie zu viele graphostilistische Mittel in sich vereinen und ihre Rückübersetzung meist die Phantasie des Empfängers übersteigt. Zudem wird aus der obigen Tabelle deutlich, dass entweder einige Zeichenfolgen mehrfach besetzt sind, oder dass es für einen Ausdruck mehrere Emoticons gibt. Für Personen, die sich nicht mit der Bedeutung der Smileys auskennen, gibt es im Internet mittlerweile sogar einen Smiley-Dolmetscher[85], bei dem man entweder eine Graphemfolge eingibt und die entsprechende textuelle Bedeutung erhält oder umgekehrt.
Gerade Internet-Neulinge scheinen vermehrt Emoticons zu gebrauchen, wohingegen Menschen, die schon lange Internetkommunikation betreiben, in der Regel nur in absolut notwendigen Fällen eine Kennzeichnung durch einen Smiley vornehmen wie das Korpus bestätigt. Es findet sich in diesem Zusammenhang sogar folgende Definition: „Wenn die Anzahl der Smileys in einer gegebenen Nachricht eine Zahl größer Null ist, ist der Teilnehmer ein Newbie."[86] Diese These kann jedoch nicht unterstützt werden, denn in einigen Fällen ist es zwingend erforderlich, eine schriftliche Äußerung aufgrund der fehlenden nonverbalen Kommunikationssignale durch ein Emoticon zu ergänzen, um seine Aussageabsicht deutlicher hervortreten zu lassen und Missverständnisse zu vermeiden. Die insgesamt 16 verwendeten Smileys des Korpus geben Auskunft darüber, dass auch erfahrene E-Mail-Nutzer gelegentlich auf diese Möglichkeit der Annotierung ihrer Nachrichten angewiesen sind und der Verständigungskraft dieser Zeichenkombinationen vertrauen.

---

[84] Die Ergebnisse einer solchen Ausschreibung kann man zum Beispiel unter http://www.heisoft.de/web/emoticon/emoticon.htm begutachten. Auf der angegebenen Seite findet sich alles vom „Standard-Emoticon bis zu den Gewinnern des ‚best new smiley'-Wettbewerbs".
[85] s. http://www.geocities.com/smileyprogramm/smileyd.html.
[86] Alspach: Internet E-Mail, S. 125.

3.2.3. Comicsprache

Neben der Verwendung von Emoticons findet sich in der E-Mail-Kommunikation ein weiteres graphostilistisches Mittel, mit dem Gefühle übermittelt werden sollen – die Comicsprache. Es handelt sich hierbei meist nur um Entlehnungen kurzer Elemente, die für die Comicsprache typisch sind und Emotionen unterschiedlichster Art ausdrücken, um den Text ein wenig aufzulockern. Comicsprachliche Elemente sind meist die schriftliche Umsetzung von emphatischen Gefühlsausbrüchen, die man durch ein Emoticon oder ein Akronym nicht in gleichem Maße auszudrücken vermag.
Innerhalb des untersuchten Korpus lassen sich insgesamt zehn Nachrichten ausmachen, in denen die Verfasser sich der Comicsprache bedient haben, um dem Empfänger Einblick in ihre Gemütslage zu gewähren.

> Hallo Yvonne!
> Na, wie wars in Moers? Wahrscheinlich musst Du erst richtig ausschlafen und ausnüchtern höhö

> Na du endlich hab ich Ferien!
> YIPPPPIIIIIEEEE *g*

> Hallo Du alleine!
>
> Juchuuuuu!
>
> Wann? Wo? Wie?
>
> Bist Du diese Woche (Mi oder Fr) an der Uni?
>
> Gruß, Nina

> Mein Umzug ist jetzt vollzogen...und ich wohne jetzt ganz in Münster...schnief! Nun ja, ich weiß nicht, ob das so richtig war... die Zeit bringt alles...oder so?

Abb. 20a-d: Comicsprache

Diese Beispiele verdeutlichen, dass die Kommunikationspartner auch hier Strukturen benutzen, die keine Ausdrucksmittel der Schriftsprache sind. Durch ‚Juchuuuuu!' soll beispielsweise der Eindruck eines sich freuenden

Menschen onomatopoetisch nachempfunden werden, ‚höhö' im anderen Beispiel hat die Funktion einer ironischen Annotation des davorstehenden Satzes, wohingegen ‚schnief' den melancholischen Charakter der Aussage unterstreichen und das Bild eines traurigen Menschen vermitteln soll. ‚YIPPPPPIIIIIEEEE!' ist das in dieser Reihe wohl extremste Bild, da es nicht nur komplett in Großbuchstaben mit einer Vielzahl von Iterationen geschrieben ist, sondern zudem von einem *g* flankiert wird, das zusätzlich andeuten soll, dass der Absender beim Schreiben dieser Zeilen grinsen musste.

Die Verwendung von Aktionswörtern scheint auf den ersten Blick weit weniger verbreitet zu sein als der Gebrauch von Emoticons, dies ist in der Realität allerdings nicht so. In dem dieser Studie zu Grunde liegenden Korpus finden sich insgesamt zehn E-Mails von fünf verschiedenen Absendern mit comicsprachlichen Elementen, wohingegen sich auch nur 16 Belege für Smileys liefern lassen. Es lässt sich also festhalten, dass Comicsprache nahezu denselben Verbreitungsgrad hat wie Emoticons und nur geringfügig weniger Absender diese Möglichkeit der schriftlichen Gefühlsübermittlung nutzen. Die Comicsprache kann also ebenfalls als emotionsübermittelndes Element innerhalb der verschriftlichten Mündlichkeit der E-Mail-Kommunikation festgehalten werden. „Die Comic-Sprache steht in der Nähe konzeptioneller Mündlichkeit. Ihre Verwendung erhöht also den nähesprachlichen Charakter des medial-schriftlichen Textes."[87] Comicsprachliche Ausdrücke und Aktionswörter verbalisieren affektive Reaktionen im Sinne einer persönlichen Reaktion auf etwas. Zum Teil werden dabei mündliche Äußerungsformen und Aussprachenormen aus dem Englischen auf ihre Schreibweise (*froi*) übertragen oder aber man benutzt bewusst Überlängen (*malwiederganzundgarkonfusseiundnixversteh*), um seiner Aussage eine besondere Gefühlsintensität zu geben.[88]

3.3. Abkürzungen und Akronyme

Die Verwendung von Abkürzungen und Akronymen ist eine der ältesten Techniken im Bereich der computervermittelten Kommunikation. Im Sinne

---

[87] Hasse u. a.: Internetkommunikation und Sprachwandel, S. 78.
[88] Vgl. Döring: Kommunikation im Internet, S. 284.

eines möglichst geringen Zeitaufwandes für die Kommunikation haben sich im Internet eine ganze Reihe von Abkürzungen etabliert, so dass häufig gebrauchte Wörter oder sogar ganze Phrasen nicht mehr komplett ausgeschrieben werden müssen, sondern man auf wenige, schnell zu tippende Buchstabenfolgen zurückgreifen kann. Zumeist bedient man sich hierzu der Anfangsbuchstaben der entsprechenden Wörter und setzt sie in Großbuchstaben zwischen den Fließtext, um seinem Kommunikationspartner möglichst schnell immer wiederkehrende Ausdrücke übermitteln zu können.

Neben diesem Zeitvorteil war es gerade in den Anfangszeiten der Internetkommunikation eine Kostenfrage, auf lange Sätze zu verzichten, weil die frühe Technik wesentlich fehleranfälliger als die heutige war; die Leitungen sollten möglichst nicht mit unnötigen Datenmengen belastet werden, um eine Übertragungsunterbrechung durch einen Datenstau o. Ä. zu vermeiden.[89] Ein weiterer wichtiger Aspekt scheint zu sein, dass durch einen vermehrten Einsatz von Akronymen eine Art Sondersprache geschaffen wird, die von Außenstehenden und Neulingen nicht sofort verstanden werden kann. Die Akronyme dienen also gleichfalls dazu, einen sprachlich geschützten Raum zu konzipieren, zu dem niemand ohne weitere einweisende Hilfestellung Zugang erhält. Es handelt sich um eine gruppenspezifische Sondersprache der Internetnutzer allgemein, die stark jugendsprachliche und technikorientierte Züge trägt, und zugleich Träger einer Signalfunktion ist, weil die Benutzung dieses speziellen Registers technisches Know-how, Gruppenidentität, Modernität und Jugendlichkeit vermitteln soll.

In diesem Zusammenhang sei auf die kritischen Anmerkungen von Königer[90] zum Thema FAAGA (= flugartig anschwellende Ausbreitung des Gebrauchs von Akronymen) verwiesen. Es scheint wirklich, dass es für nahezu jeden Sachverhalt eine Abkürzung gibt, auch wenn sie kaum noch entschlüsselt werden kann. So bilden sich zum Teil auch schon Abkürzungen wie ‚YABA' *(=* Yet another bloody acronym*)* oder ‚TWAIN' *(=* Technology without an interesting name*)* heraus, die diese Entwicklung karikieren. Es bleibt jedoch unbestreitbar, dass geläufige Akronyme in einigen Bereichen in übersichtlichem Maße durchaus sinnvoll und nützlich sind.

---

[89] Vgl. Haase u. a.: Internetkommunikation und Sprachwandel, S. 71.
[90] Vgl. Königer: Dynamik technisch geprägter Sprache, S. 177f.

Obwohl die Akronyme und Abkürzungen zum Großteil aus dem Englischen entlehnt sind, finden sie auch in der deutschsprachigen E-Mail-Kommunikation Verwendung. Allerdings werden solche Akronyme und Abkürzungen weitaus häufiger in Newsgroups oder in Internet-Relay-Chat-Kanälen gebraucht als in der E-Mail-Kommunikation. Es ist aber eine deutliche Tendenz festzustellen, dass die kurzen Buchstabenfolgen immer mehr über die Chatrooms auch in den Bereich der E-Mail-Kommunikation gelangen und somit auch in dieser Studie analysiert werden sollten, denn schließlich finden sich bereits in 27 Fällen des Korpus Abkürzungen bzw. Akronyme, wie die folgenden Beispiele ansatzweise belegen.

Gut, dann jetzt ende!
CU,
Sven

Hallo Yvi,

vielen Dank für das Schicken der Unterlagen. Ich hätte die auch abholen können.
Schade, dass du am WE keine Zeit hattest. Am Samstag war Party im Uni-Parkhaus. War echt lustig.

Abb. 21a-b: Akronyme

Die Schreiber nutzen auch hier die Möglichkeit, ihre sowieso schon kompakten Nachrichten noch weiter zu verkürzen und damit Zeit einsparen zu können. Es geht einfach schneller, nur ‚CU' anstatt ‚See you' bzw. ‚WE' anstelle von ‚Wochenende' zu schreiben. Es ist in beiden Fällen nicht erforderlich, das Wort bzw. die Grußformel auszuschreiben, da sie mittlerweile zum Standardinventar der Abkürzungen gehören und von nahezu jedem E-Mail-Nutzer verstanden werden.
Im IRC häufig anzutreffende Abkürzungen sind beispielsweise ‚FYI' *(=* For your information*)*, das des Öfteren in Betreffzeilen verwendet wird und ansonsten in der normalen Briefpost durch kleine Notizzettel mit dem Hinweis ‚Zur Kenntnisnahme' versehen wäre. ‚BTW' *(=* By the way*)* wird gerne als Mittel der Überleitung zu einem anderen Themenkomplex gewählt, wohingegen ‚ROTFL' *(=* Rolling on the floor, laughing*)* verwendet wird, wenn der

Schreiber eine witzige Bemerkung gemacht hat, und das Bild vermittelt werden soll, dass sich der Kommunikationspartner vor Lachen nicht mehr halten kann und sich auf dem Boden wälzt. Es gibt sogar noch einige Steigerungsformen zu ‚ROTFL', die jedoch niemand mehr ohne entsprechendes Zusatzwissen dekodieren kann, denn die Rückübersetzung von ‚ROTFLBTCASTC' (= Rolling on the floor, laughing, biting the carpet and scaring the cat) dürfte für die meisten Menschen nicht ohne Weiteres möglich sein. ‚INMHO' (= In my humble opinion) und ‚AFAIK' (= As far as I know) jedoch werden zur Kennzeichnung der eigenen Meinung so oft verwendet, dass sie den meisten Newbies schon nach wenigen Wochen geläufig sein dürften. Ein wesentlicher Unterschied zwischen ‚ROTFL' und ‚AFAIK' beispielsweise liegt in ihrem Verwendungszweck. Während ‚ROTFL' an das Ersetzen nonverbaler Signale durch sprachliche Mittel erinnert, indem es die Körperhaltung nachahmen soll, handelt es sich bei ‚AFAIK' nicht um ein solches emulierendes Element; vielmehr ist es als bindendes und kohäsionsherstellendes Mittel in einem Wechselgespräch zu sehen.

Neben diesen rein buchstabenbasierten Abkürzungen und Akronymen existieren auch solche, in denen Buchstaben mit Zahlen kombiniert werden. Auch hier ist der englischsprachige Bezug von großer Bedeutung, denn ohne die englische Aussprache der Ziffern ist das Verstehen der Abkürzungen nicht gewährleistet. So muss man die 8 in ‚CUL8R' wie [eɪt] aussprechen, um den Ausdruck ‚See you later' erkennen zu können. Das Zahlenzeichen wird also als phonologisches Ideogramm verwendet, wobei die Motivation immer die Aussprache der Buchstaben im Englischen ist. Außerdem muss im oben angeführten Beispiel neben der 8 auch das <R> auf besondere Art und Weise ausgesprochen werden, um den Sinn der Abkürzung zu erkennen. Das <R> muss wie [ə] ausgesprochen werden, damit die 8 in Kombination mit dem <R> *later* [leɪtə] phonologisch möglichst realistisch nachahmen kann. Das <C> in diesem Beispiel steht mit seinem Lautwert für das ganze Wort *see* und <U> ist eine gebräuchliche Abkürzung für *you*, aber noch deutlicher wird die Funktion der lautlichen Umsetzung von Buchstaben bei Beispielen wie ‚B4' (= Before), ‚4U' (= For you) oder ‚OIC' (= Oh, I see).

Es lässt sich beobachten, dass häufig 4 für *for*, <B> für *be*, <R> für *are*, <U> für *you*, <C> für *see* oder <Y> für *why* in den verschiedensten Kombinationsmöglichkeiten eingesetzt werden und bereits so etwas wie Standardabkürzungen sind, die von fast jedem User ohne Probleme verstanden werden. Eine Besonderheit in diesem Bereich stellen ‚GRMBL' (= Grumble*)* und ‚TNX 1.0 E6' (= Thanks a million) dar, bei denen zum Einen mit der möglichen Aussprache der Abkürzung als ein Wort und zum Anderen mit dem Einfügen mathematischer Operatoren gearbeitet wird. Ein weiteres Kuriosum, ist zum Beispiel die Abkürzung ‚I18N' (= Internationalisation), denn die Zahl 18 zwischen dem Anfangs- und dem Endbuchstaben des Wortes wird in diesem Fall nicht als phonologisches Ideogramm verwendet, sondern gibt an, dass in der Wortmitte 18 Buchstaben der Rationalisierung wegen ausgelassen wurden.[91] Es liegt nun am Leser, ein Wort mit 20 Buchstaben zu finden, das mit <I> beginnt und auf <N> endet. *Internationalisation* jedoch ist nicht das einzige Wort, das die oben genannte Struktur aufweist – man könnte auch *Importbeschränkungen*, *Intervallschaltungen* und viele andere deutsche oder fremdsprachige Wörter einsetzten –, und somit scheint eine solche Art der Abkürzung denkbar ungeeignet, zumal es den Leser viel Zeit kostet, die Buchstaben jedwedes möglichen passenden Wortes zu zählen, was dem Aspekt der Zeiteinsparung durch Akronyme und Abkürzungen diametral entgegensteht. Zu erwähnen bleibt an dieser Stelle noch, dass sich mittlerweile auch außerhalb des Englischen Abkürzungen für häufig gebrauchte Wörter oder Phrasen herausbilden. So findet man in französischsprachigen Newsgroups und IRCs beispielsweise ‚pkoi' für *pourquoi*.[92]

Zum Teil ist es so, dass einige Akronyme und Abkürzungen bereits in den normalen Sprachgebrauch der Netzbenutzer eingegangen sind und kaum noch als Verkürzungen aus der Computersprache wahrgenommen werden, wie die Beispiele ‚CD-ROM', ‚Modem' usw. deutlich machen. Besonders Akronyme werden in die face-to-face-Kommunikation transponiert, indem die Buchstaben in Phoneme eines Wortes umgewandelt und mit einer Betonung auf der ersten Silbe versehen werden, so dass unbestreitbar von Lexikalisierungen „im Sinne eines Ausbaus des Lexikons"[93] gesprochen werden kann.

---

[91] Vgl. Haase u. a.: Internetkommunikation und Sprachwandel, S. 72.
[92] Vgl. Haase u. a.: Internetkommunikation und Sprachwandel, S. 71.
[93] Haase u. a.: Internetkommunikation und Sprachwandel, S. 69.

Deshalb seien abschließend noch einige Akronyme mit ihren Bedeutungen aufgeführt, die sich verhältnismäßig häufig sowohl im IRC als auch in der E-Mail-Kommunikation vorfinden lassen[94]:

Abkürzung	Bedeutung
4U	For you
ASAP	As soon as possible
B4	Before
BBL	Be back later
BTW	By the way
CU	See you
CUL	See you later
CUL8R	See you later
F2F	Face to face
FYA	For your amusement
FYI	For your information
GD&R	Grinning, ducking and running
GMTA	Great minds think alike
GRMBL	Grumble
HP	Homepage
IMHO	In my humble opinion
IMO	In my opinion
IOW	In other words
JAM	Just a minute
L8R	Later
LOL	Laughing out loud
OIC	Oh, I see
OTOH	On the other hand
PPL	People
ROTFL	Rolling on the floor, laughing
TNX 1.0 E6	Thanks a million

94 Vgl. Angell/Heslop: The elements of E-Mail style, S. 93f. und Alspach: Internet E-Mail, S. 123f.

TNX	Thanks
WE	Weekend

Tab. 5: Abkürzungen und ihre Bedeutung

Neben diesen speziellen Akronymen finden sich in der E-Mail-Kommunikation viele Standardabkürzungen wie ‚MfG' oder ‚uAwG', die aus der geschäftlichen Korrespondenz bekannt sind und schlichtweg in ein anderes Medium transponiert wurden.

3.4. Soundalike Slang

Ein weiteres Element, das neben den Abkürzungen und Akronymen zum Teil vom computerbezogenen Sprachgebrauch Eingang in die face-to-face-Kommunikation gefunden hat, ist der Soundalike Slang.
Es handelt sich hierbei um die Lexikalisierung von phonologisch minimal variierenden Wörtern, wobei meist Neologismen parodierender Art entstehen. Entgegen dem allgemeinen englischsprachigen Trend der Computerkommunikation lassen sich hier genuin deutsche Wortschöpfungen finden und es findet keine Übertragung von Anglizismen ins Deutsche statt.[95]
Im Sinne einer Parodie kreieren die Internetnutzer Kontaminationen, um entweder unliebsame Personen oder andere Dinge zu bezeichnen, mit denen man unzufrieden ist, oder auch Geschehnisse zu benennen, die man sich nicht erklären kann. So findet sich für die Bezeichnung des Betriebssystems Windows die Abwandlung Windoof, da viele Nutzer mit diesem Programm aufgrund seiner Instabilität und Fehlerhaftigkeit unzufrieden sind. Ähnliches gilt für das Telekommunikationsunternehmen Telekom, das des Öfteren als Teleblöd, Teledoof oder Telekotz bezeichnet wird. Schlimmer noch als die Titulierung ‚Newbie', die relativ wertneutral einen unerfahrenen, weil neuen User bezeichnet, ist die Benennung als ‚DAU' (= Dümmster anzunehmender User), was eine phonologische Abwandlung des Akronyms ‚GAU' (= Größter anzunehmender Unfall) ist. ‚Automagisch' hingegen geschehen in der Sondalike-Sprache Dinge, die Programme oder Maschinen von alleine erledigen und mit deren positivem Ausgang man nicht gerechnet hat. Hier wird die

Kreativität auf der morphologischen Ebene deutlich, denn ‚automagisch' ist eindeutig eine Kontamination von *automatisch* und *magisch.*

3.5. Besonderheiten im Bereich des Wortschatzes

Im Bereich des Wortschatzes lassen sich in der E-Mail-Kommunikation einige Besonderheiten feststellen. Die meisten Untersuchungen, die sich allerdings hauptsächlich der betrieblichen E-Mail-Kommunikation widmen, haben ergeben, dass gerade in E-Mails ein hoher Anteil an praktisch-fachlicher Wirtschaftssprache sowie der Fachwortschatz aus dem EDV-Bereich zu finden ist.[96] Durch das dieser Studie zu Grunde liegende Korpus kann diese Aussage weder bestätigt noch widerlegt werden, aber es kann durchaus verifiziert werden, dass es bei dem Wortschatz der E-Mail-Kommunikation um einen ganz besonderen handelt.

Auffällig ist der Einfluss des Englischen in der CMC generell. In den E-Mails des untersuchten Korpus finden sich allerdings nur vereinzelt Nachrichten, in denen vermehrt englisches Vokabular verwendet wird, das folgende Beispiel ist also eine eher außergewöhnliche Nachricht, in der die benutzten englischen Begriffe problemlos durch deutsche ersetzbar wären und man ohne Weiteres auf dieses Denglisch, das heißt eine vermehrte Einbindung englischer Wörter im deutschen Sprachgebrauch, verzichten könnte.

---

95 Vgl. Haase u. a.: Internetkommunikation und Sprachwandel, S. 73.
96 Vgl. Janich: Electronic Mail, S. 256.

Du kannst u. a.

ALBUMING
lege Deine privaten Bilder online in Foto-Alben ab
SHARING
lade Deine Freunde, Bekannten oder Kollegen ein
FINISHING
Bestelle Deine Lieblingsfotos für z.B. 65 Pfennig
einfach per Mausclick auf Original-Fotopapier in der gleichen Qualität wie
mit Deiner normalen Kamera
GRUSSKARTEN
Sende Deine Lieblingsfoto als Grußkarte
an Freunde und Bekannte
PIXUM GALLERY
Schaue Dir die Fotoalben der Pixum-Mitglieder
an, die ihre Alben öffentlich freigegeben haben

Ich hoffe, Du hast viel Spaß mit meinen Fotos!!!

Bis bald!

Arnd Borgböhmer

Abb. 22: Anglizismen

Die fast alltägliche Gegenwart des Englischen und ihr besonders hoher Verbreitungsgrad im Bereich der Computertechnik führt jedoch zu neuen, mitunter abenteuerlichen Konstruktionen und Neologismen, an die sich Sprachwissenschaftler erst noch gewöhnen müssen. So sind englische Verben oder auch Abkürzungen, die der deutschen Konjugation unterworfen werden, keine Seltenheit mehr, und immer häufiger hört bzw. liest man davon, dass etwas ‚downgeloaded' wurde oder man seine Aktivitäten ‚outsourcen' müsse. Als weiterer Punkt ungewöhnlicher Lexik innerhalb der E-Mail-Kommunikation lassen sich spezielle Fachwörter nennen, die sich in dem dieser Studie zu Grunde liegenden Korpus mit acht Belegen niederschlagen. Das Medium Computer mit seiner neuen Terminologie schafft neue Fachbegriffe, die in die deutsche Sprache übernommen werden, ohne sie vorher zu übersetzen. So spricht man von einem ‚Explorer' und ‚Tools', da vermutlich der Gebrauch von *Forscher* und *Werkzeug* an dieser Stelle Verwunderung und Missverständnisse hervorrufen würde. Der Gebrauch des englischen Fachwortschatzes hat sich vollkommen etabliert, und niemand käme auf die Idee, ihn in eine andere Sprache zu übersetzen, da es sich quasi schon Internationalismen handelt.

Das macht das Brennerprogramm automatisch. Welches nutzt du?
Wenn du eine Audio CD brennst, kannst du bei den meisten Programmen einfach aus einer Dateiensicht (eine Art Explorer) die Mp3dateien in die Trackliste der CD ziehen. Das machst du aber intuitiv richtig. Wenn du das Brennproggie öffnest, wird dir das schon klar werden.

Es gibt allerdings manchmal Probleme mit einzelnen MP3s, die das Brennproggie nicht dekodieren kann. Dann ist das Brennprogramm wahrscheinlich schon eine ältere Version.
Dann kannst du dir entweder eine neuere Version besorgen oder zusätzlich einen Dekoder installieren. Ich benutze dazu das Programm "MP3 To Wave Converter". Einfach mal in www.download.com o.ä. suchen, da finden sich solche Tools zuhauf.

Das digitalisieren von Kassetten ist schwieriger. Du kannst deinen Kassettenrekorder mit der Soundkarte verbinden und dann z.B. mit dem Audiorecorder von Windows aufnehmen. Anschließend musst du die entstandenen Wav-Files mit einem MP3 Encoder codieren.

Auch dafür müsstest du mal ein Tool suchen. Da kann ich dir keinen Tipp geben. Achte nur auf die Engine, die das Programm benutzt. Die LAME-Engine ist ziemlich gut. Es soll da aber noch eine andere neuere und bessere geben. Ich weiss aber nicht, wie die heisst.

Sehr geehrte Sophos-Nutzer,

habe in Vertretung fuer Herrn Huth die neue Version 3.48 zunaechst fuer die Einzelplatz-Windows-Rechner auf den FTP-Server gespielt. Am besten greifen Sie ueber die Seite

http://www.uni-essen.de/hrz/antivirus/rahmen-download.html

darauf zu. Es fehlen noch die Disketten-Images, die ich erst erzeugen muss.

Abb. 23a-b: Fachwortschatz

Interessant ist in diesem Zusammenhang wieder der Grad der sprachlichen Komplexität und Verdichtung, denn der Schreiber des ersten Beispiels spricht nicht von einer ‚Tracklist', wie es im Englischen korrekt heißen müsste, sondern er nimmt lediglich das Bestimmungswort des englischen Ausdrucks und kombiniert es mit einem deutschen Grundwort, so dass von einer ‚Trackliste' die Rede ist. Solche hybriden Bildungen, deren einzelne Bestandteile unterschiedlicher sprachlicher Herkunft sind, finden sich häufig im deutschen Computer-Wortschatz, wie die gängigen Begriffe ‚Quellcode', ‚E-Mail-Programm', ‚Gerätemanager' o. Ä. belegen. Überhaupt stellen Kurzwort-Komposita mit einem Initialwort wie ‚FTP-Adresse' oder ‚HP-Design' bzw. mit einer Ziffer wie ‚40GB-Festplatte' oder ‚48fach-CD-ROM' ein vielgenutztes Mittel dar, um seine Nachricht zu komprimieren. Des Weiteren kommen gelegentlich Verbalisierungen von Systemoperationsbefehlen hinzu, so dass der Unix-Befehl ‚grep', mit dem man innerhalb einer Datei nach einem bestimmten Text sucht, ebenfalls nach deutschen Regeln flektiert wird, wenn man jemanden bittet, eine Adresse von jemandem zu ‚grepen'. Neben diesen Verbalisierungen beschreiben Haase und Kollegen auch Nominalisierungen von Kommandos, die ebenfalls einen Steuerungsbefehl in die normale Sprache übertragen. Zudem ist der Bereich der CMC noch relativ neu, und „für Dinge, die es vorher noch nicht gab, kann es auch keine Bezeichnungen geben. Wenn ständig neue Gegenstände erfunden werden, werden also auch ständig neue Namen gebraucht. Innovation und Begriffsbedarf gehören zusammen."[97] Diese Übergeneralisierung von Fachbegriffen aus den Bereichen Computer, Netzwerktechnik, Informatik und IT fällt mittlerweile aber auch in mitunter sachlich unangemessenen Kontexten auf und lässt sich auf das starke Gruppenzugehörigkeitsgefühl zurückführen, bei dem Newbies zunächst außen vor bleiben sollen.[98]

Sprachwandel spiegelt immer veränderte menschliche Wirklichkeiten und Möglichkeiten wider. Man greift also auf bereits bestehende sprachliche Einheiten zurück, aber kombiniert diese in einer neuen Art und Weise, um so neue Gegenstände zu benennen, oder es werden bereits bestehende Ausdrükke verwendet und in ihrer Bedeutung erweitert. Problematisch hierbei ist,

---

97 Königer: Dynamik technisch geprägter Sprache, S. 160.

98 Vgl. Haase u. a.: Internetkommunikation und Sprachwandel, S. 70.

dass sich während des Übergangsprozesses von der Fachsprache in die Allgemeinsprache Gebrauchsweisen entwickeln, für die es im Regelkonzept der deutschen Sprache keine Vorbilder gibt. Deswegen durchlaufen Neologismen mehrere Assimilationsstufen, in denen zunächst mehrere konkurrierende Schreibweisen existieren können, die sich aber im Laufe der Zeit immer mehr den Regeln der jeweiligen Sprache anpassen, wobei die Schreiber selbst die neue Wortgestalt definieren, denn obrigkeitliche Verordnungen im dynamischen Bereich der Sprache können sich meist nicht durchsetzen. Vielmehr lassen sich diese Prozesse durch das zentrale Konzept der invisible hand charakterisieren, das heißt dadurch, dass sich sprachliche Effekte aus dem gemeinsamen Ziel ergeben, eine optimale Verständigung zu erreichen, und Bedeutungserweiterungen, -einschränkungen oder Veränderungen im Bereich der Orthographie sowie die Schaffung von neuen Wörtern quasi sekundäre Effekte sind. Sprache hat sich schon immer gewandelt und wird sich auch in Zukunft immer den sich ändernden Gegebenheiten anpassen, so dass von einem Sprachverfall durch den Einfluss der neuen Medien keine Rede sein kann.

Die Übergeneralisierung von Fachbegriffen bezieht sich vielmehr auf eine kontextuell unpassende Verwendungsweise von Fachbegriffen des Computerbereichs, bei der sie ihre ursprüngliche Klasse und Funktion einbüßen. Diese Übergeneralisierungen von Fachbegriffen sind demnach deutliche Belege für fremdinitiierten Sprachausbau, da englische Spezialtermini aus ihrem eigentlichen Kontext gelöst und in eine andere Sprache übertragen werden, in der sie eine zusätzliche, neue Bedeutung erhalten und sich zu neuen lexikalischen Einheiten weiterentwickeln, ohne dass sich die Benutzer über diesen Vorgang der Bedeutungserweiterung im Klaren sind. Inwieweit eine Stabilisierung der sprachlichen Besonderheiten im Sinne eines Sprachausbaus eintritt, hängt maßgeblich davon ab, in welchem Umfang E-Mail-Nutzer die computerspezifische Sprachform in ihrem täglichen Leben einsetzen. Es lässt sich aber durch die vorausgegangenen Kapitel bestätigen, dass „die neuen, durch Computerkommunikation eingeführten Gattungen (E-Mail), Textsorten und Gesprächsformen (IRC, Talk), sowie die in unserem [sic] Wortschatz eingegangenen Anglizismen [...] einen Beitrag zum Ausbau und zur Veränderung der Sprache [leisten].“[99]

3.6. Die soziale Komponente der Kommunikation

Filtertheorien von Culnan und Markus[100] oder Kiesler und anderen[101] greifen die in Kapitel 3.2.1 angesprochene Kanalreduktionstheorie auf und gehen ebenfalls davon aus, dass die computervermittelte Kommunikation einen Informationsverlust mit sich bringt und sich die Wahrnehmung des Kommunikationspartners ändert. Aber anstatt generell eine Verarmung und Entsinnlichung der Kommunikation zu konstatieren, ist ihre Grundannahme lediglich, dass man wenig über den Kommunikationspartner und seinen psychosozialen Hintergrund weiß. Der Filtertheorie zu Folge hat die CMC sowohl spezifische Vor- als auch Nachteile, und ist im Vergleich zum persönlichen Gespräch nicht sofort als defizitär zu kennzeichnen. Das Fehlen der Hintergrundinformationen über den Kommunikationspartner hat zur Folge, dass aufgrund der fehlenden Einschätzungsmöglichkeit ein Nivellierungseffekt eintritt. In textvermittelten Kommunikationssituationen können auf der einen Seite soziale Hemmschwellen abgebaut werden, aber auf der anderen Seite können auch Privilegien demontiert werden, so dass eine Art enthemmender Effekt eintreten kann. Dieser wiederum kann Offenheit, Ehrlichkeit, Freundlichkeit und Gleichberechtigung hervorrufen, aber im anderen Extrem dank der größeren Anonymität ebenfalls Feindlichkeit, Anomie sowie normverletzendes und antisoziales Verhalten nach sich ziehen.[102]

Durch das dieser Studie zu Grunde liegende Korpus kann diese Aussage, dass E-Mails einen weniger höflichen Umgang mit sich brächten nicht gestützt werden. Es mag sein, dass dies an den meist relativ privaten und ungezwungenen Illokutionstypen liegt, denn bei einem Vergleich mit den wenigen beruflichen E-Mails des Korpus fällt auf, dass sie weniger communication rich-

---

99 Haase u. a.: Internetkommunikation und Sprachwandel, S. 82.

100 Vgl. Culnan, M. J.; Markus, M. L.: Information Technologies. In: Jablin, F. M. u. a. (Hrsg.): Handbook of Organizational Communication. An Interdisciplinary Perspective; Newbury Park 1987, S. 420-443.

101 Vgl. Kiesler, S.; Siegel, J.; McGuire, T. W.: Social Psychologcial Aspects of Computer-mediated Communication. In: American Psychologist, Bd. 39 (1984), S. 1123-1134.

ness aufweisen als Erstere. Im Großen und Ganzen jedoch führt die E-Mail-Kommunikation keinesfalls zur Isolation, sondern eröffnet vielmehr neue Chancen der Kontaktaufnahme. „Die Gelegenheiten zum interkulturellen Kontakt haben erheblich zugenommen, die Informationsvielfalt ist mittlerweile durch die weltweite Vernetzung multimedialer Kommunikation praktisch unbegrenzt."[103] Man kann in nur wenigen Arbeitsschritten Kontakt mit Leuten in der ganzen Welt aufnehmen, und die Menschen, die nicht mehr aus dem Haus gehen und lediglich via Computer Kontakt zur Außenwelt haben, stellen die kleine und extreme Minderheit dar. „In diesem Sinne ist also gerade nicht kulturpessimistisch Vereinzelung zu beklagen, sondern mehr Nähe in der Kommunikation zu begrüßen."[104] E-Mail an sich kann also durchaus ein kommunikativ reichhaltiges Medium sein, wie die Untersuchungen von Lee[105] und Ngwenyama[106] belegen. Der Grad der medialen Reichhaltigkeit wird demnach weniger vom Kommunikationskanal an sich als vielmehr vom Nutzer und seinem Umgang mit dem jeweiligen Medium beeinflusst. Das Imaginationsmodell betont noch dazu, dass es wegen der fehlenden Personeninformationen gerade im Bereich der computervermittelten Kommunikation zu einem kognitiven Rekonstruktionsprozess käme, der in besonders hohem Maße von Phantasie geprägt sei. Folglich führt eine Reduktion der Sinneskanäle vielleicht eher zu einer Steigerung als zu einer Verarmung des Empfindens – ähnlich wie es bei Telefongesprächen beobachtet werden kann, in denen trotz des fehlenden visuellen Kanals Bilder über den Kommunikationspartner entstehen. So hat Fuller herausgefunden, dass man von seinem E-Mail-Kommunikationspartner eine sehr hohe Meinung entwickelt, auch wenn man ihn vorher nie gesehen hat und man ihn besser beurteilt als dieser es in einer Selbsteinschätzung getan hat.[107]

---

[102] Vgl. Döring: Kommunikation im Internet, S. 278f.
[103] Frey u. a.: Multimedia-Gesellschaft, S. 34.
[104] Quasthoff: Kommunikative Normen, S. 49.
[105] Vgl. Lee: Electronic Mail as a Medium for Rich Communication.
[106] Vgl. Ngwenyama/Lee: Communication Richness in Electronic Mail.
[107] Vgl. Fuller: Human-Computer-Human Interaction, S. 3f.

3.6.1 Flaming

Wie in Kapitel 3.1 herausgearbeitet wurde, steht die E-Mail-Kommunikation nahe an der konzeptionellen Mündlichkeit. In der Produktion sollen die Nachrichten meist schnell getippt sein und wenig Zeit in Anspruch nehmen. Dadurch werden elektronische Nachrichten unter Umständen kein zweites Mal durchgelesen und überarbeitet, bevor man sie abschickt. Durch diesen erhöhten Grad der Spontaneität können allerdings Konflikte entstehen, da man in der Eile eventuell eine falsche Wortwahl getroffen oder in einer emotional aufgeladenen Situation geschrieben hat, so dass man zu einem späteren Zeitpunkt vielleicht ganz anders reagiert hätte. In einigen Unternehmen hat sich deswegen die Regel etabliert, bei Kritik erst einmal einen Tag zu warten, bevor man eine Antwort schickt. Ein Mitarbeiter einer großen Organsisation, die von Stegbauer eingehend untersucht wurde, bringt diese Problematik auf den Punkt:

> „Profs hat wohl den Nachteil, dass Antworten sehr, sehr spontan gegeben werden. Man kann ja die Antworttaste drücken, noch während man sich in der Emotionsphase befindet, was sich ja beim Schreiben, zum Beispiel beim Diktieren über eine Sekretärin oft erübrigt.“[108]

Sproull und Kiesler haben in eine Untersuchung die Konflikthaftigkeit des Mediums E-Mail analysiert und herausgefunden, dass „people tended to express extreme opinions and vented anger more openly in electronic face-off than when they sat together and talked.“[109] Dieses Phänomen des Flamings tritt allerdings weniger in der privaten E-Mail-Kommunikation als vielmehr in der anonymeren IRC- oder Newsgroup-Kommunikation auf, obwohl ein gewisses Fehlen von sozialer Kontrolle aufgrund der schnelleren und weniger redigierten Produktionssituation nicht abgestritten werden kann. Durch die Anonymität in der Netzkommunikation trauen sich manche Personen, ihre

---

[108] zit. n. Stegbauer: Electronic Mail und Organisation, S. 135f.

[109] Sproul, L.; Kiesler, S.: Computers, Networks and Work. Electronic interactions differ significantly from face-to-face exchanges. As a result computer networks will profundly affect the structure of organizations and the conduct of work. In: Scientific American, September 1991. Special Issue, S. 84-91, hier S. 91; zit. n.: Stegbauer: Electronic Mail und Organisation, S. 134.

negativen Gefühle deutlicher zur Sprache zu bringen, als sie dies in einem persönlichen Gespräch täten, bei dem sie ihre Identität nicht geheimhalten könnten. Das Simulationsmodell betont genau in diesem Zusammenhang, dass die CMC eine maximale Kontrolle darüber erlaubt, welche Informationen über sich man offenbart. Es ist demnach auch möglich, sich eine völlig andere Identität zuzulegen, da zentrale Informationen wie Alter, Geschlecht, Aussehen etc. verbal übermittelt werden müssen und der Kommunikationspartner diese Angaben nicht überprüfen kann. Dadurch kommt also zugleich zu einem Kontrollgewinn als auch zu einem Kontrollverlust, da Wirklichkeitskonstruktionen und Grenzen zwischen Subjekt, Körper und Technologie in der computervermittelten Kommunikation verwischen können und man sich flexible multiple Identitäten für den Cyberspace zulegen kann. Es entstehen somit unter Umständen Hyperrealitäten, in denen das Fiktive nur noch schwer vom Realen zu unterscheiden ist.[110]

In diesem Zusammenhang ist ebenfalls auffällig, dass relativ offenherzig auch über solche Themen geschrieben wird, die ansonsten eher tabuisiert sind. Computervermittelte Kommunikation scheint also einen lockeren Umgang mit gesellschaftlichen Verhaltensregeln zu bewirken, wobei nicht vernachlässigt werden darf, dass dies stark personen- und domänenabhängig ist. In dem dieser Studie zu Grunde liegenden Korpus finden sich allerdings keine Anzeichen für das oben angesprochene Flaming, und die Regeln des gesellschaftlichen Miteinanders sind nicht durch die Kommunikation via Computer beeinflusst, so dass hier nicht von E-Mail-spezifischen Einflüssen gesprochen werden kann.

3.6.2 Anrede

Günther und Wyss haben in ihrer Untersuchung herausgefunden, dass die E-Mail-Kommunikation im Allgemeinen dem traditionellen Brief zwar sehr nahe steht, dass es aber gerade im Bereich des Headers strukturelle Unterschiede gibt, die Einfluss auf den Aufbau des Bodys haben.[111]

---

[110] Vgl. Döring: Kommunikation im Internet, S. 285-288.
[111] Vgl. Günther/Wyss: E-Mail-Briefe, S. 66.

Diese Beobachtungen werden ebenfalls von Schanze und Kammer gestützt, die festgestellt haben, dass die Grundelemente des traditionellen Briefes meist auch in E-Mails vertreten sind, aber die starren Regeln dieser Kommunikationsform hinsichtlich der Reihenfolge und der Reglementierungen auf Formulierungsebene aufgebrochen werden.[112] Die strikte Trennung von Header und Body sowohl in produktionsorientierter als auch in rezeptionsseitiger Hinsicht hat zur Folge, dass unter Umständen auf eine konkrete Anrede verzichtet wird und durch das schrittweise Ausfüllen des Headers entsteht ein fast formularähnlicher Kopf wie bei einer Faxmitteilung, aber dennoch lässt sich hinsichtlich der Anrede- und Schlussformeln keine allgemeingültige Aussage formulieren. Offenbar hängt dieser Bereich ebenfalls wieder mit der Produktionssituation und der Sprecherabsicht zusammen. Es scheint bei einer kurzen Information nur selten eine explizite Anrede zu geben, wohingegen bei einer längeren E-Mail eine fast briefähnliche Eröffnung vorzufinden ist. Ähnelt der Body im Ganzen sowieso mehr einem traditionellen Brief, dann finden sich auch die drei schreibkontaktspezifischen und konstitutiven Elemente Anrede, Text und Gruß, die die Kontaktaufnahme, die Informationsübermittlung und den Kontaktabbruch regeln; ist die E-Mail jedoch nur ein kurzes, eher telegrammartig aufgebautes Schreiben, so verzichtet der Absender des Öfteren auf eine explizite Anrede und eine abschließende Grußformel, da diese Informationen aus dem Header entnommen werden können und Redundanzen bzw. Rekurrenzen vermieden werden sollen.

Tendenziell scheinen die E-Mail-Nutzer sich meist auf eine schlichte und kolloquiale Anrede im Sinne von ‚Hallo [Name]', ‚Hi [Name]' oder ‚Liebe(r) [Name]' zu beschränken. Nur in den wenigsten Fällen übersteigt das Anredeverhalten die konventionelle Höflichkeit und zeichnet sich durch Kreativität und Individualität aus. Innerhalb des untersuchten Korpus ist es so, dass ungefähr 32% der E-Mails mit ‚Hallo [Vorname]' beginnen, aber auch 23% der Nachrichten überhaupt keine Anrede aufweisen, sondern direkt mit dem eigentlichen Nachrichtentext beginnen; bei sieben Fällen ist dies allerdings durch das direkte Quoting bedingt, bei dem der Absender unmittelbar zwischen die Zeilen der Bezugsnachricht geschrieben hat. Grob unterscheiden

---

[112] Vgl. Schanze/Kammer: Brief, Dokument und Memorial, S. 260-268.

muss man zwischen einer Anrede, die den Empfänger durch die Nennung seines Namens anspricht, und solchen, in denen eine offene Grußformel ohne Zusatz verwendet wird. Ansatzweise zu erklären ist dies mit der Möglichkeit des Rundbriefes, bei dem man nicht nur einen Empfänger anspricht, sondern mehrere Personen dieselbe Nachricht erhalten, so dass es in diesen Fällen unmöglich ist, eine persönliche Anrede zu formulieren. Trotzdem verzichten die Absender in sieben Fällen auch dort auf eine direkte Anrede, in der sie nur eine bestimmte Person kontaktieren wollen. Auch in diesem Bereich scheint dieses Phänomen wieder durch die Dialogsituation bedingt zu sein, denn ein Teil der E-Mails nimmt unmittelbaren Bezug auf vorhergegangene E-Mails – zum Teil nur im Stundenabstand –, so dass wie in einem Wechselgespräch auf eine direkte Anrede verzichtet wird. Ein weiterer Erklärungsansatz ist der Telegrammstil, bei dem nur eine knappe sachliche Information übermittelt und im Sinne der Zeitersparnis auf eine persönliche Anrede verzichtet wird.
Eine Eigenart der E-Mail-Kommunikation scheint jedoch die Benutzung einer tageszeitorientierten Begrüßungsformel wie ‚Guten Morgen', ‚Morgen' oder ‚Moin' zu sein, wenn der Absender davon ausgehen kann, dass der Empfänger seine E-Mails regelmäßig abruft und der Zeitpunkt der Rezeption in derselben Tageszeit liegt wie die der Produktion. Bei einem anderen Kommunikationsmedium, bei dem der Abstand zwischen Versand und Empfang der Nachricht nicht so gut abgeschätzt werden kann, müsste auf solche zeitlich festgelegten Eröffnungen verzichtet werden; nur in der E-Mail-Kommunikation und in der Faxkommunikation kann dieser geringe Abstand zwischen Produktion und Rezeption sprachlich reinszeniert werden.

Zusammengefasst ergibt sich bei der Analyse des dieser Studie zu Grunde liegenden E-Mail-Korpus folgende Übersicht hinsichtlich des Anredeverhaltens:

ohne jegliche Anrede	31 (davon 7 im Quotingverfahren)
mit direkter Anrede:	71
Hallo [Name]	43
Hi/Hey [Name]	11
Liebe [Name]	5
Sehr geehrte [Name]	4

H [Name]*	2
Huhu [Name]	1
Guten Morgen [Name]	1
Morgen [Name]	1
Hallöchen [Name]	1
Hallo liebe [Name]	1
Hally [Name]*	1
ohne direkte Anrede, aber mit Anredeformel:	32
	9
Hi	4
Sehr geehrte Damen	3
und Herren	2
Guten Tag	2
Hallo zusammen	2
Hallöchen	1
Hurra	1
Ok hallo	1
Hallo	1
Hallo du	1
Hallo du alleine	1
Hallöle allerseits	1
Hallo Leute	1
Aloha	1
Tag noch mal	1
Salut	
Moin	

* bei diesen Anreden ist davon auszugehen, dass es sich um Tippfehler handelt und es eigentlich ‚Hi' bzw. ‚Hallo' lauten sollte.

Tab. 6: Das Anredeverhalten in E-Mails

Ebenfalls auffällig in diesem Zusammenhang ist der Umstand, dass die Anrede in nahezu allen Fällen von dem eigentlichen Nachrichtentext abgetrennt ist, und sie als Kopf zu Beginn des Bodys steht, der im nächsten Abschnitt oder Absatz folgt. In nur drei E-Mails ist die Anrede in den Lauftext integriert und nicht vom eigentlichen Nachrichtentext abgesetzt, wobei es sich hierbei um ausschließlich eine berufliche und zwei private E-Mails handelt, die ansonsten jedoch formal und stilistisch keinerlei Gemeinsamkeiten aufweisen, so dass eine Erklärung für diese Sonderfälle nicht möglich ist; bei den zwei privaten E-Mails ist es außerdem so, dass es echte Ausnahmefälle sind, denn andere Nachrichten desselben Verfassers folgen wiederum obigem Schema der Anredeabgrenzung vom Nachrichtentext, wohingegen zu der beruflichen E-Mail keine Aussagen getroffen werden können, da von diesem Absender nur diese eine einzige E-Mail dieses Absenders in das Korpus eingegangen ist.

3.6.3 Schluss

Das letzte konstitutive Element eines Textes bildet der Kontaktabbruch, und gerade dieser Bereich der E-Mail-Botschaften bietet dem Absender die Möglichkeit, sich einerseits auf eine standardisierte und automatisierte Signatur beschränken, aber andererseits kann er durch ein ASCII-Art-Bild o. Ä. einen kreativen Schlusspunkt unter seine Nachricht zu setzen.
In 23 Fällen wird die E-Mail – ganz im Gegensatz zum traditionellen Briefverkehr – durch eine individuelle Signatur mit einem Spruch oder gar einem kleinen Bildchen beendet, denn vor allem dieser E-Mail-Komplex bietet dem Absender die Möglichkeit für individualistische Gestaltungsmerkmale und eine damit verbundene persönliche und individuelle Note.[113] Schließlich kann die Signatur bei den meisten E-Mail-Programmen in einer separaten Datei gespeichert werden, so dass man bei der Erstellung einer E-Mail die Schlussformel nicht mehr manuell einfügen muss, sondern dies automatisch vom MUA übernommen wird. Insofern ist es auch nicht verwunderlich, dass die meisten E-Mails eines Verfassers immer die gleiche Signatur aufweisen; sie variieren, wenn überhaupt, lediglich in Bezug auf die kurze davorstehende Verabschiedungsformel. Im untersuchten Korpus schließen lediglich zwölf E-Mails mit der Standard-Signatur des Verfassers ohne jede weitere Verabschiedung. Ausnahmen stellen hier wieder die E-Mails der beruflichen Korrespondenz dar, denn dort finden sich in den meisten Fällen nur standardisierte Schlussformeln, die relativ kurz und unpersönlich sind, wobei die Gründe

hierfür wiederum in der sprachlichen Ökonomie und der so erreichten Zeitersparnis bzw. dem Grad der Formalität liegen dürften. Wie bereits gesagt, könnte der Absender an dieser Stelle kreativ werden und sich eine unverwechselbare Signatur zulegen, aber im untersuchten Korpus gibt es nur Signaturen von vier verschiedenen Absendern – zwei aus dem privaten und ebenfalls zwei aus dem beruflichen Bereich. Allerdings spielt nur eine einzige E-Mail eines privaten Kontaktes mit den Möglichkeiten der Signatur, indem er sogar ganze bewegliche Bilder einsetzt (Abb. 24a). Die beiden beruflichen Absender begnügen sich mit der Angabe ihrer Kontaktadresse, der Telefon- und Faxnummer etc. Andere Untersuchungen belegen jedoch, dass es auch weitaus kreativere Signaturen gibt, in denen die Absender regelrechte ASCII-Art-Kunstwerke geschaffen haben.[114] In dem dieser Studie zu Grunde liegenden Korpus sind die folgenden Beispiele aber bereits die ausgefallensten Signaturen:

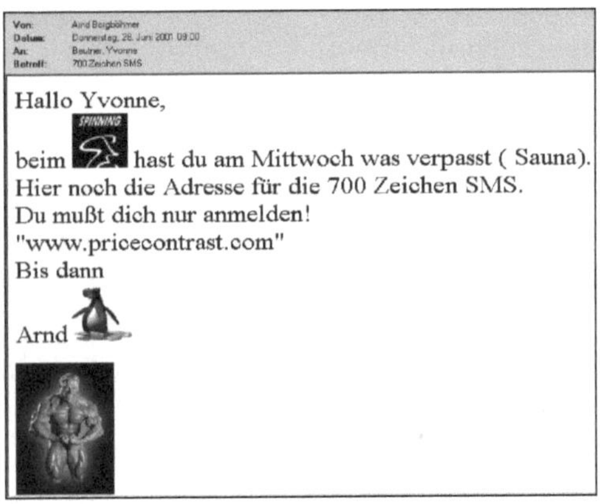
Von: Arnd Bergböhmer
Datum: Donnerstag, 28. Juni 2001 09:00
An: Beutner, Yvonne
Betreff: 700 Zeichen SMS

Hallo Yvonne,

beim SPINNING hast du am Mittwoch was verpasst (Sauna).
Hier noch die Adresse für die 700 Zeichen SMS.
Du mußt dich nur anmelden!
"www.pricecontrast.com"
Bis dann

Arnd

---

[113] Vgl. Janich: Electronic Mail, S. 253.
[114] Vgl. beispielsweise Günther/Wyss: E-Mail-Briefe, S. 67f.

```
Mit freundlichen Gruessen
 +-------------------------------------------------------------------+
 /                                                                  /|
+-------------------------------------------------------------------+ |
| Burkhard Wald           Telefon  : (+49 201) 183-2921           | |
| Hochschulrechenzentrum   Fax     : (+49 201) 183-3960           | |
| Universitaet - GH Essen  e-Mail  : wald@hrz.uni-essen.de        | |
| D-45117 Essen           Gebaeude : Schuetzenbahn 70             | |
| Germany                 Raum     : SH 208                       | |
|                                                                 | |
| WWW-Home-Page: http://www.uni-essen.de/hrz/mitarbeiter/wald.html | |
|                                                                 | |
| PGP-Public-Key: http://www.uni-essen.de/~hrz030/pgp/wald.asc    | |
| Type bits/keyID    Date       User ID                           | |
| pub  1024/8303C09D 1996/06/10 Burkhard Wald <wald@hrz.uni-essen.de> | |
| Key fingerprint =  CD 28 51 48 74 06 F4 62  17 79 7B 21 37 7A BB 37 |/
+-------------------------------------------------------------------+
```

```
--

Holger Gollan          Tel.: +49-201-183-3904
Computing Center       email: gollan@hrz.uni-essen.de
University of Essen    URL: http://www.uni-essen.de/~hrz1a0
```

```
*********************************

mailto:ralf@siegelonline.de

www.siegelonline.de

*********************************
```

Abb. 24a-g: Signaturen

Im Gegensatz zum Anredeverhalten gestaltet sich der Bereich der Schlussformeln und Signaturen sehr uneinheitlich, denn dort eröffnet sich dem Absender die Möglichkeit, seiner Nachricht eine persönliche Note zu verleihen und sich als Individualist darzustellen. Einige E-Mails sind nur mit dem Vornamen oder gar mit einem Spitznamen unterschrieben, in den meisten Fällen beenden die Absender ihre Nachricht jedoch mit einer anderen, situativ angepassten Schlussformel. So finden sich viele Verweise im Sinne von ‚Bis dahin', ‚bis bald' sowie ‚bis dann', oder der Absender nimmt Bezug auf andere zeitspezifische Ereignisse, wie aus den Formeln ‚Wie dem auch sei, schöne Pfingsttage wünscht XY' oder ‚Ein schönes Wochenende jedenfalls wünscht XY' ersichtlich wird.

Bei der Gestaltung des E-Mail-Schlusses bieten sich dem Absender verschiedene Möglichkeiten: Der Gruß kann entweder durch einen Absatz oder Abschnitt ganz vom eigentlichen Nachrichtentext abgetrennt, ganz im Text enthalten oder aber teilweise in den Text integriert sein. Im untersuchten Korpus sind lediglich drei Schlussformeln samt Verfassernamen vollständig in den Nachrichtentext integriert, wobei zwei Mitteilungen aus dem beruflichen Bereich stammen und die andere nur eine kurze Information zu einem beigefügten Attachment darstellt. Mit 80 Vorkommnissen ist die deutliche Absetzung des Kontaktabbruches vom eigentlichen Nachrichtentext der Regelfall, in dem sowohl die Grußformel als auch die Namensnennung durch einen Absatz oder einen Abschnitt vom Teil der Informationsübermittlung getrennt sind. Eine weitere Variante, die in immerhin 31 Fällen vorkommt, ist die teilweise Integration der Schlussformel in den Text, das heißt die Grußformel ist zwar vom Text abgesetzt, aber die Namensnennung erfolgt in der gleichen Zeile der Verabschiedung und ist nicht mehr durch einen Absatz getrennt. Es liegt also der Schluss nahe, dass in diesem Bereich formale Elemente des traditionellen Briefverkehrs übernommen werden und die Verfasser im Allgemeinen viel Wert auf die deutliche Herausstellung ihrer Urheberschaft legen, auch wenn 16 E-Mails des Korpus ohne jeglichen Schluss auskommen, wobei es sich in diesen Fällen allerdings bis auf eine Ausnahme um sehr kurze E-Mails handelt, die weit unter der ansonsten durchschnittlichen Wörterzahl einer Nachricht liegen, und die nur eine kurze Information wie eine neue E-Mail-Adresse oder Urlaubstermine übermitteln bzw. im Quotingverfahren Antwort auf eine vorher gestellte Frage liefern.

In der tabellarischen Übersicht ergibt sich nach einer Analyse des E-Mail-Korpus bezüglich des Verabschiedungsverhaltens zusammenfassend folgendes Bild:

ohne Schlussformel und ohne Namensnennung	16
nur Namensnennung	12
Schlussformeln mit Namensnennung:	92

Bis dahin/Bis bald/Bis dann/Also bis	19
dann + [Name]	18
Liebe Grüße/Ganz liebe Grü-	
ße/Lieben Gruß/Schöne	12
Grüße/Viele Grüße/Mit besten	10
Grüßen + [Name]	8
Gruß + [Name]	6
Mit freundlichen Grüßen + [Name]	3
Tschüss/Tschüssi + [Name]	3
Ciao/Tschau + [Name]	2
Vielen Dank/Danke + [Name]	2
Grüsslies von [Name]	1
Mach es gut/Mach's gut + [Name]	1
Ein schönes Wochenende jedenfalls	1
wünscht + [Name]	1
Sei ganz lieb gegrüßt + [Name]	1
Alles Liebe + [Name]	1
Gruß+Kuss + [Name]	1
Tot ziens, bye bye + [Name]	1
Herzlichst + [Name]	1
In Zuneigung + [Name]	
CU + [Name]	
Wie dem auch sei, schöne Pfingsttage wünscht + [Name]	
Also, dann tschüss usw... + [Name]	
Schlussformeln ohne Namensnennung:	3
Bye	1
Hugs and kisses	1
Mach's gut	1
zusätzlich zur Schlussformel mit einer Signatur versehen	11
ausschließlich mit einer Signatur ohne zusätzliche Schlussformel	12

Tab. 7: Das Verabschiedungsverhalten in E-Mails

Zwischen der Nennung des Absendernamens und dem Einsatz einer Schlussformel scheint ein Zusammenhang zu bestehen, denn wenn der Absendername in irgendeiner Form genannt wird, so findet sich in den meisten Fällen auch eine Schlussformel davor, lediglich in zwölf Fällen wird ausschließlich der Absendername ohne weitere Zusätze genannt, wobei jedoch alleine acht E-Mails von einem Absender stammen und es sich bei ihnen um eine schlichte Kurzinformation handelt. Überhaupt scheint die eigene Namensnennung des Absenders in der E-Mail-Kommunikation eine wichtige Rolle zu spielen, denn abgesehen von den 16 Fällen, in denen weder eine Schlussformel noch ein Name angegeben wird, gibt es lediglich drei Fälle, in denen der Absender auf die Nennung seines Namens verzichtet, das heißt, in nur 12% der Fälle müssen die Empfänger die Informationen über den Verfasser aus dem Header entnehmen, wohingegen nur etwas mehr als 50% der Empfänger namentlich angesprochen werden.

Wie anhand der obigen Ausführungen deutlich wurde, liefert gerade der Bereich der Anrede- und Schlussformeln interessante Auskünfte darüber wie formell der Absender seine E-Mail gestalten will. In dem dieser Studie zu Grunde liegenden Korpus findet sich zwar kein klassischer Briefkopf oder gar eine aus der geschäftlichen Briefkorrespondenz bekannte Betreffzeile im Text selber, aber dennoch können aus der formalen Gestaltung Rückschlüsse auf die Einstellung des Absenders gezogen werden. Werden eher standardisierte Formen gewählt und kaum Erweiterungen vorgenommen, so liegt die Vermutung nahe, dass der Absender seiner Nachricht einen eher formalen Charakter verleihen will und/oder diese Überreste der Briefkultur durch den geschäftlichen Korrespondenzstil mit seiner Nüchternheit geprägt sind.[115]

Trotz alldem sollte man bei der Interpretation der sozialen Komponente jedweder Kommunikation vorsichtig sein. Bei der E-Mail-Kommunikation stellt sich diese Forderung jedoch in besonderem Maße, da – wie oben bereits aufgezeigt – durch die computervermittelte Kommunikationssituation schneller Missverständnisse auftreten können, als bei der Verwendung anderer Kommunikationskanäle. Die Interpretation der sozialen Beziehungen der Kommunikationspartner anhand von E-Mails ist schwierig, da sich die unter-

[115] Vgl. Günther/Wyss: E-Mail-Briefe, S. 67.

schwelligen Botschaften nur bei sehr genauer Kenntnis der Person und ihrer Situation richtig deuten lassen.

3.7 Zwischenbilanz

Hinsichtlich der Unterscheidung zwischen Mündlichkeit und Schriftlichkeit in der E-Mail-Kommunikation lässt sich also festhalten, dass Verbalität und Nonverbalität ineinander übergehen, denn sowohl die sprachlichen Mittel als auch die Ideogramme befinden sich nahe an der konzeptionellen Mündlichkeit[116], und eben diese Elemente der konzeptionellen Mündlichkeit, die an sich eine Verbalität bilden, werden eingesetzt, um Signale der Nonverbalität darzustellen. Da die Darstellung nonverbaler Phänomene in schriftlicher Form eine sprachliche Neuentwicklung ist, die es in dieser Form noch nicht gab, kann man von einer Vermischung von Mündlichkeit und Schriftlichkeit innerhalb der E-Mail-Kommunikation sprechen.

Die E-Mail-Kommunikation orientiert sich zwar an mündlichen Kommunikationssituationen, ist aber keine vollständige Übertragung von ihnen in die Schriftlichkeit. Es bildet sich statt dessen eine neue Form sprachlicher Kreativität und Dialogizität heraus, die sich erheblich von den Strukturen anderer Formen technisierter Kommunikation unterscheidet. Die medial sprechsprachlichen Elemente stellen eine Innovation auf dem Spannungsfeld Mündlichkeit vs. Schriftlichkeit dar und spielen hinsichtlich des Sprachwandels eine große Rolle. Diese Neuerungen entsprechen zwar oralen Ausdrucksmitteln und sollen zum Beispiel nonverbale Signale oder prosodische Elemente nachahmen, aber sie können nicht unmittelbar medial aus der Welt der gesprochenen Sprache in die der schriftlichen computervermittelten Kommunikation transferiert werden. Die Sprache des Internet bleibt eine Art gruppenspezifischer Sondersprache, die als Träger einer Signalfunktion angesehen werden muss. Die Sprache der computervermittelten Kommunikation mit ihrem hohen Anteil an Anglizismen und Begriffen aus der Computerterminologie signalisiert technisches Know-how, Gruppenidentität und Modernität.[117]

[116] Vgl. Haase u. a.: Internetkommunikation und Sprachwandel, S. 64.
[117] Vgl. Haase u. a.: Internetkommunikation und Sprachwandel, S. 52.

Im Sinne der Theorie der sozialen Informationsverarbeitung lässt sich festhalten, dass Menschen nur bedingt durch technische Restriktionen und sozialen Druck bzw. vernünftiges Medienhandeln Kommunikationsveränderungen mitmachen, sondern dass es gar nicht erst zu einer gravierenden Kommunikationsveränderung kommen muss. Die social information processing perspective nach Walther[118] ist stark kulturalistisch ausgerichtet und stellt die Hypothese auf, dass es zu einer aktiven Aneignung der CMC kommt. Menschen stimmen demnach ihr Nutzungsverhalten derart auf die technischen Systemgegebenheiten ab, dass mediale Einschränkungen so gut wie möglich kompensiert werden. Wie bereits oben dargelegt, werden zum Beispiel nonverbale Signale und die Beziehungsebene nicht komplett ausgeblendet, sondern Emotionalität o. Ä. wird durch Textzeichen auf eine neue Art und Weise ausgedrückt. Die Mediennutzer entwickeln also neue soziale Fertigkeiten bei der Textproduktion und –rezeption, die ebenfalls eine zufriedenstellende Kommunikation ermöglichen, indem medienbedingte Informationsdefizite vorausgeahnt und im Vorfeld gefüllt werden. Kommunikationsstörungen treten folglich nur dann auf, wenn die Nutzer ungeübt sind, die spezifischen Kommunikationscodes nicht kennen oder aber unter Zeitdruck stehen.[119]

---

118 Vgl. Walther, J. B.: Interpersonal Affects in Computer-Mediated Interaction: A Relational Perspective. In: Communication Research; Bd. 19 (1992), S. 52-90.
119 Vgl. Döring: Kommunikation im Internet, S. 283f.

4. Fehlertoleranz und –häufigkeit

In der E-Mail-Kommunikation scheint es eine wesentlich größere Fehlerhäufigkeit als in allen anderen schriftsprachlichen Medien zu geben. In dem untersuchten Korpus finden sich viele E-Mails, die hinsichtlich der Orthographie, der Grammatik, der Interpunktion, der Syntax etc. fehlerhaft sind. Allerdings scheinen diese Unzulänglichkeiten in E-Mails nur eine untergeordnete Rolle zu spielen, da die Fehler nicht als Unfähigkeit des Verfassers interpretiert, sondern gleichsam auf die spezielle Produktionssituation bei der E-Mail-Kommunikation zurückgeführt werden. Sie ist bei der Texterstellung generell insofern wichtig, als dass sie immer die äußere Form und den strukturellen Aufbau eines Schreibens bestimmt, denn muss ein Text unter Zeitdruck verfasst werden, so hat dies wesentlichen Einfluss auf die Planungs-, die Übersetzungs- und die Überarbeitungsphase.[120] Formulierungen werden weniger bedacht und unter Umständen wird der Orthographie, der Syntax usw. nicht die nötige Beachtung geschenkt, wenn die Gedanken schnell schriftlich festhalten werden sollen. Meist nimmt man sich dann keine Zeit mehr für eine eventuell notwendige Überarbeitungs- und Korrekturphase, so dass das Schreiben unredigiert an den Empfänger geschickt wird, was bei einem traditionellen Brief nahezu undenkbar ist. Des Weiteren kann die Produktionssituation insofern entscheidend für den sprachlichen Aufbau einer E-Mail sein, dass man eventuell mit einem noch neuen Medium zurechtkommen und sich erst an den Umgang mit Tastatur und Bildschirm gewöhnen muss. Es ist weiterhin denkbar, dass man seine Nachrichten nicht zu Hause schreiben kann, sondern in einem Internetcafé oder einem CIP-Pool arbeiten muss, wo die Kosten für die Benutzung des Arbeitsplatzes nach Zeit berechnet werden, und schon der nächste User auf ein freies Terminal wartet, so dass man sich wenig Zeit für seine Korrespondenz nimmt und unter Zeitdruck arbeitet. Das hat zugleich Auswirkungen auf die Länge der E-Mails, denn elektronische Nachrichten scheinen in den meisten Fällen kürzer als herkömmliche Briefe zu sein, wie die vergleichende Untersuchung von Kaes

[120] Zu den einzelnen Phasen der Textproduktion sei verwiesen auf U. Günther: Texte planen – Texte produzieren. Kognitive Prozesse der schriftlichen Textproduktion; Opladen 1993.

bestätigt.[121] Die Schreiber von E-Mails formulieren ihr Anliegen meist in kurzen, präzisen Sätzen und weichen selten vom Thema ab, so dass traditionelle Briefe fast 2,5-mal so lang sind wie elektronische Variante. Kaes hat für die E-Mails seines Korpus eine durchschnittliche Länge von 88 Wörtern ermittelt, und in dem dieser Studie zu Grunde liegenden Korpus ist die Anzahl sogar noch geringer. Insgesamt wurden 134 E-Mails untersucht, die zu einer Gesamtzahl von 11103 Wörtern führen, wobei es sich bei dieser Zahl um die types und nicht die tokens handelt. Durchschnittlich besteht eine E-Mail des untersuchten Korpus demnach aus etwa 83 Wörtern, wobei leider keine Vergleichsmöglichkeit zu herkömmlichen Briefen derselben Verfasser wie bei Kaes gegeben ist. Aber da die von ihm ermittelte durchschnittliche Wörterzahl einer E-Mail noch dem in dieser Studie berechneten Wert liegt, kann die Aussage, dass E-Mails in der Regel kürzer als traditionelle Briefe sind, bezugnehmend auf die von Kaes konstatierte Länge eines herkömmlichen Briefes aufrecht bestätigt werden.

Zahlreiche Untersuchungen haben ergeben, dass gerade im Bereich der E-Mail-Kommunikation vermehrt Nachrichten mit Tippfehlern, einer schriftsprachlich inkorrekten Syntax oder einem eher mündlich orientierten Stil vorkommen, die beim Empfänger jedoch nicht die Vorstellung eines unbedarften Absenders hervorrufen, sondern als Flüchtigkeitsfehler bewertet und verziehen werden.[122] Obwohl es im Bereich der E-Mail-Kommunikation offenbar eine wesentlich größere Toleranz bezüglich der Sprachrichtigkeit als in anderen schriftbasierten Kommunikationsbereichen zu geben scheint, kann der Meinung Frühwalds nicht beigepflichtet werden, der behauptet, dass „das richtige, gar das stilistisch schöne Schreiben [...] dabei unwillkürlich eine Kunst von gestern wird, weil es nicht auf Stil und Lektüre, sondern auf rasche Information ankommt. Sprache und Schrift verlieren ihre dominierende Kraft [...].“[123]

Allerdings darf nicht vergessen werden, dass es sich bei den untersuchten E-Mails zum Großteil um Nachrichten aus dem Bereich der privaten Kommunikation handelt. Sieht man sich die wenigen Nachrichten an, die mehr

---

[121] Vgl. Kaes: Vergleich von ausgewählten herkömmlichen und E-Mail Leserbriefen, S. 4.
[122] Vgl. Pansegrau: Dialogizität und Degrammatikalisierung, S. 16.
[123] Frühwald: Vor uns, S. 38.

dem offiziellen oder beruflichen Kommunikation zuzuordnen sind, so fällt eine merklich geringere Abweichung von der standardsprachlichen Norm auf. Es ist jedoch nicht so, dass E-Mails im Bereich der betrieblichen Kommunikation überhaupt keine formalen Abweichungen vom Standard-Brief aufweisen, denn Janich hat in ihrer Untersuchung über die betriebliche Nutzung der E-Mail-Kommunikation herausgefunden, dass das neue Medium E-Mail sich auch hier auf Textgestaltung und Formalia auswirkt. In der von ihr untersuchten Firma war die E-Mail-Kommunikation ebenfalls durch einen flexibleren Umgang mit der Rechtschreibung und anderen grammatischen Kategorien gekennzeichnet und es war ihr möglich, „eine gewisse Aufweichung formaler und grammatischer Regeln zu beobachten“, die jedoch von anderer Qualität als die in der privaten E-Mail-Kommunikation zu sein scheint. In der betrieblichen E-Mail-Kommunikation werden nahezu keine Flüchtigkeitsfehler festgestellt, und es treten keine umgangssprachlichen Wendungen o. Ä. auf, sondern vielmehr werden Kommaregeln nicht beachtet, es bleibt bei unvollständigen Sätzen und es wird nicht mehr zwischen Groß- und Kleinschreibung differenziert. Ferner wird weniger Wert auf die typographische Gestaltung einer E-Mail im Vergleich zu einem normalen Geschäftsbrief gelegt, was sich in einer ungleichmäßigen Blattaufteilung und einer unübersichtlichen Absatzunterteilung ausdrückt, und des Weiteren wird häufig auf eine Anrede verzichtet. Es lässt sich also festhalten, dass die betriebliche Computerkommunikation mehr Auswirkungen auf die formale als auf die sprachstilistische Ebene hat, was in einem Gegensatz zu der privaten Computerkommunikation steht, denn die Kommunikation im privaten Umfeld ist deutlicher durch Elemente der gesprochenen Sprache und den Auswirkungen der schnellen Produktionssituation auf Orthographie, Lexik, Stil etc. gekennzeichnet als die betriebliche E-Mail-Kommunikation, die im Großen und Ganzen doch in einem relativ unpersönlichen und nüchternen Geschäftsstil verfasst ist.

In dem untersuchten Korpus findet sich eine Reihe von lexikalischen und syntaktischen Fehlern, wobei vor allem Tippfehler in Form von Buchstabendrehern, dem Drücken der benachbarten Taste oder des Nicht-Lösens der Feststelltaste zu nennen sind. Die am häufigsten anzutreffende Abweichung von der standardsprachlichen Norm innerhalb des schriftlichen Dokuments E-Mail ist die Ellipse; es finden sich alleine 45 kontextfreie Ellipsen im Korpus und dazu kommen noch drei situative und ebenfalls drei kontextuelle Ellipsen. Die Absender gehen offenbar davon aus, dass Teile des Satzes – meist das Subjekt in Form eines Personalpronomens – weggelassen werden können, ohne dass es zu Verständnisschwierigkeiten kommt. Es scheint auch tatsächlich so zu sein, dass keine Kommunikationsstörungen auftreten und sich solche Rationalisierungsmaßnahmen in der E-Mail-Kommunikation bereits etabliert haben. Spezielle tastaturbedingte Fehler lassen sich ebenfalls registrieren, denn in fünf Fällen hat der Absender die Umschalttaste zu lange festgehalten, so dass auch der zweite Buchstabe eines Wortes als Majuskel geschrieben wurde, und zudem gibt es im Korpus sieben Belege dafür, dass durch das schnelle Schreiben nicht der gewünschte Buchstabe gedrückt wurde, sondern die Taste daneben getroffen wurde, was ein eigentlich unverständliches, weil nicht existentes Wort nach sich zieht, aber vom Empfänger im Sinne einer apperzeptiven Ergänzung richtig entschlüsselt wird. Ein Fehler, der besonders bei Personen auftritt, die im Umgang mit der Tastatur nicht sonderlich geübt sind, aber dennoch schnell schreiben wollen, sind die Buchstabendreher innerhalb eines Wortes, da beim Tippen des Textes die Finger quasi schneller als der Kopf waren, so dass sich zum Teil interessante Verschiebungen ergeben.

Neben diesen motorisch bedingten Fehlern gibt es auch die bewusst durchgeführten Vereinfachungen in der E-Mail-Kommunikation. So schreiben viele E-Mail-Nutzer ihre Nachrichten mittlerweile komplett in Minuskeln, um sich den Einsatz der Umschalttaste zu ersparen. Im Korpus, das dieser Studie zu Grunde liegt, finden sich insgesamt zwölf E-Mails, die komplett in Kleinbuchstaben geschrieben wurden. Auch dieses Verhalten scheint eine reine Maßnahme zur Zeiteinsparung zu sein und hat nach Meinung der Autorin keinesfalls etwas mit einer Annäherung an das Englische zu tun, wie auch persönliche Rücksprachen mit Personen ergeben haben, die sich dieser Möglichkeit bedienen. Im Sinne einer möglichst raschen Textproduktion werden nur die eigentlichen Tasten gedrückt, und man verzichtet auf das gleichzeitige Hinzunehmen der Umschalttaste, um so noch rascher agieren zu können. Auffällig hoch ist die Zahl der Interpunktionsfehler im untersuchten Korpus, denn insgesamt lassen sich 30 Fehler im Zusammenhang mit dem Gebrauch von Satzzeichen feststellen. In den meisten Fällen scheinen die Absender komplett auf den Gebrauch von Kommata zu verzichten und setzen lediglich

Punkte als Satzschlusszeichen, was ebenfalls auf den Aspekt der Schnelligkeit zurückzuführen ist. Andererseits zeigen die E-Mail-Nutzer eine große Kreativität hinsichtlich des Umgangs mit Satzzeichen, denn im Korpus lassen sich 54 Belege dafür finden, dass Interpunktions- bzw. Satzschlusszeichen redupliziert sind. Besonders häufig tritt dieses Phänomen beim Punkt auf, wobei drei aufeinanderfolgende Punkte als metasprachliches Element zur Kennzeichnung ironischer Anmerkungen verstanden werden. Die Verdreifachung eines Frage- oder Ausrufezeichens, die in 5 bzw. 8 Fällen vorkommt, lässt sich der emulierten Prosodie zuordnen, so soll dem Frage- bzw. Aussagecharakter eines Satze besonderer Nachdruck verliehen werden. Die anderen Fehler, beispielsweise Orthographie- oder Syntaxfehler, können an dieser Stelle nicht als spezielle Fehler im Rahmen der E-Mail-Kommunikation gedeutet werden, denn zu diesem Zweck müsste man herkömmliche Briefe oder Faxe und E-Mails eines Absenders miteinander vergleichen, um herausfinden zu können, ob es sich um medienbedingte Fehler oder generelle Unzulänglichkeiten des Schreibers handelt.

Hinsichtlich des Zusammenhangs zwischen produktionsbedingter Normabweichung und Fehlerhäufigkeit in der privaten E-Mail-Kommunikation lässt sich folgende interessante Entdeckung machen: Ein E-Mail-Sender, der mit zahlreichen Mails in das dieser Studie zu Grunde liegende Korpus eingegangen ist, hat die Möglichkeit, sowohl von zu Hause als auch von der Universität aus E-Mails zu verschicken. Anhand des Versandzeitpunktes kann man Rückschlüsse darauf ziehen, ob die Nachrichten von zu Hause oder von der Universität aus verschickt wurden. Vergleicht man nun die beiden Typen der Nachrichten miteinander, so stellt sich heraus, dass die von zu Hause aus verfassten Nachrichten deutlich darauf hindeuten, dass die Texte in großer Eile verfasst und vor dem Versand nicht nochmals Korrektur gelesen wurden. Die E-Mails aus der Universität sind zwar auch nicht fehlerfrei, aber immerhin wird dort zwischen Groß- und Kleinschreibung differenziert, der Absender benutzt meist eine Anrede- und Schlussformel bzw. fügt seine Signatur ein, der Text an sich ist länger und die Sätze scheinen wohlformuliert, wie die beiden folgenden Beispiele verdeutlichen.

Hallo Yvi,

für meine mündliche Prüfung in Englisch habe ich mir E-Mail communication in business ausgesucht. Du hast dich ja sehr intensiv mit dem Thema E-Mail auseinandergesetzt. Kannst du mir da (englischsprachige) Literatur bzw. Texte zur Vorbereitung empfehlen? Sollte natürlich keine Hardcore-Linguistik sein, sondern seichte Kost. Geht eigentlich nur darum, noch die ein oder andere Vokabel zu dem Thema aufzuschnappen.

Danke schonmal im voraus.

--

So. Das war's mal wieder.
Bis denne

Alexander

Abb. 25a: E-Mail aus der Universität

hallo yvi,

manchmal bin ich etwas langsamer.
war deine frage, wann du mir das buch zurückgeben kannst, so gemeint, dass du zeit und lust hast, dieses wochenende was mit mir zu unternehmen oder in der nächsten woche nach münster zu kommen? oder hattest du nur einfach die buchübergabe planen wollen?

Alex

Abb. 25b: E-Mail von zu Hause

E-Mails sollen in der Produktionsphase möglichst zeitsparend sein, um einen Vorteil gegenüber der normalen Post wahren zu können, und so werden E-Mails häufig spontan und schnell geschrieben, was sie wiederum in die Nähe der Mündlichkeit rückt. Die These von Günther und Wyss kann trotzdem nicht uneingeschränkt unterstützt werden, denn es ist zweifelsohne nicht generell so, dass „es [...] nicht mehr sonderlich darum [geht], wie etwas verfasst wird, sondern dass etwas übermittelt wird“[124]. Sicherlich manifestiert sich in der E-Mail-Kommunikation ein neuer Typus des gegenseitigen Nachrichtenaustausches, aber ein völliger Verlust der Regeln der deutschen Sprache lässt sich trotz alledem nicht ausmachen. Allerdings scheint die Aussage plausibel,

---

124 Günther/Wyss: E-Mail-Briefe, S. 72.

dass sich die Schnelligkeit der E-Mail-Kommunikation sprachlich im Text niederschlägt und die Nachrichtenempfänger diesen geänderten Code akzeptieren, solange der Text verständlich bleibt.[125] Es mag sein, dass es dadurch zu einem Abschleifen der schriftsprachlichen und stilistischen Normen und Ansprüche kommt, aber in diesem Zusammenhang von einem Sprachverfall zu reden, stellt eine unhaltbare These und Übertreibung dar. Die gehetzte Produktionssituation kann allerdings ungute Konsequenzen nach sich ziehen, wie die folgende Aussage bestätigt:

> „Unter dem Druck, eine Antwort aus dem Stehgreif [sic] zu formulieren, verzichte ich auf nochmaliges Durchlesen und gute Präsentation meiner Argumente. Ich schenke meinen Botschaften nicht die Aufmerksamkeit, die sie verdienen. Beim Lesen wie beim Schreiben ist langsam besser als schnell. Ich habe viel [sic] E-Mail verschickt, die ich später bereut habe.“[126]

Und im Gegensatz zu mündlichen Äußerungen, die hoffentlich bald in Vergessenheit geraten, bleiben E-Mails durch ihre mediale Schriftlichkeit fixiert, so dass man sich doch besser vorher überlegen sollte, was man wem wie schreibt.

Nach einer Untersuchung des dieser Studie zu Grunde liegenden Korpus hinsichtlich der in Kapitel 3 und 4 angesprochenen Punkte lässt sich folgende Tabelle erstellen. Sie spigelt sowohl den Einsatz von emotionsübermittelnden Elementen als auch die Nutzung von Abkürzungen wider, liefert aber ebenfalls Auskunft über die medienbedingten Fehler und Elemente, die die E-Mail-Kommunikation in einen Bereich zwischen Schriftlichkeit und Mündlichkeit stellen:

Orthographiefehler	8
Interpunktionsfehler	30
kreativer Umgang mit Satzzeichen	54 41

[125] Vgl. Günther/Wyss: E-Mail-Briefe, S. 72f.
[126] Stoll: Die Wüste Internet. Geisterfahrten auf der Datenautobahn; Frankfurt am Main 1996, S. 247; zit. n.: Döring: Kommunikation im Internet, S. 290.

...	8
!!!	5
???	
Syntaxfehler	4
Anakoluthe	9
Aposiopesen	4
Ellipsen	51
kontextfrei	45
kontextuell	3
situativ	3
phonologische Deviationen	34
vorn	18
mittig	2
hinten	14
Akronyme/Abkürzungen	27
Smileys	16
;-)	9
:-)	5
:-(	2
Comicsprachliche Elemente	10
emulierte Prosodie	4
Iterationen	1
Assimilationen	26
Modalpartikel	17
komplette Kleinschreibung	12
Ersetzung der Umlaute durch Bigraphen	4
Festhalten der Umschalttaste	5
Drücken eines falschen Nebenbuchstabens	7
Vergessen eines Buchstabens	7
Festhalten einer Taste	1
Übergeneralisierung von	8

Fachbegriffen	

Tab. 8: Sprachliche Besonderheiten des Korpus

Dieses Phänomen der großen Toleranz gegenüber den sprachlichen Fehlern anderer tritt zwar in erstaunlicher Intensität auf, aber die Gründe dafür können nicht eindeutig benannt werden. Es können nur Vermutungen darüber angestellt werden, warum orthographische o. ä. Fehler nicht als Zeichen mangelnder Bildung gedeutet, sondern als Folge großen Zeitdrucks gewertet werden. Riehm und Kollegen konstatieren in diesem Zusammenhang eine „Vorläufigkeit des Schreibens in einem fluiden Element“[127] und ihr Erklärungsansatz für die Nichtbeachtung grammatischer, orthographischer und stilistischer Kategorien geht dahin, dass die materialisierte Form eines auf Papier gedruckten Textes bis zu einem bestimmten Grad vorgegeben ist und mehr Endgültigkeit suggeriert als ein elektronisches Dokument, das man nur auf einem Bildschirm vor sich sieht. Diese These müsste insofern im Rahmen einer weitergehenden Untersuchung geprüft werden, da sowohl E-Mails problemlos auf Papier ausgedruckt und materialisiert werden können als auch materialisierte Briefe nicht von unzerstörbarer, dauerhafter Qualität sind.

5. Der E-Mail-Knigge

Im Bereich des Internet gibt es eine Reihe anerkannter Verhaltensregeln, die man allgemeinhin unter dem Stichwort Netiquette zusammenfasst.
Auch bei der E-Mail-Kommunikation sollte man sich an gewisse Konventionen halten, um nicht unangenehm aufzufallen und sich Beschwerde-E-Mails (= flames) einzuhandeln. Sicherlich sind die folgenden Punkte nicht allgemein verbindlich, aber bei der Mehrzahl der Nutzer haben sich im Laufe der Zeit doch so etwas wie Schreib- und Verhaltenskodes herausgebildet, die eingehalten werden sollten. Der erste detaillierte Vorschlag für eine auf E-Mail abgestimmte Medienetikette wurde im Jahre 1985 von Shapiro und Anderson

[127] U. Riehm/K. Böhle/I. Gabel-Becker/B. Wingert: Elektronisches Publizieren. Eine kritische Bestandsaufnahme; Berlin u. a. 1992; zit. n.: Günther/Wyss: E-Mail-Briefe, S. 97.

formuliert[128], und heutzutage gibt es ganze Bücher, die sich mit dem ‚richtigen' Verhalten hinsichtlich der E-Mail-Kommunikation befassen. Um einen angenehmen Kommunikationsablauf zu ermöglichen, hält es die Autorin jedoch für unabdingbar, gewisse Regeln zu beachten, die im Folgenden kurz skizziert werden sollen:

- Man sollte sinnvolle Betreffs formulieren, damit der Empfänger schon beim ersten Blick in die Mailbox Nachrichten hinsichtlich ihres Inhalts und ihrer Dringlichkeit abschätzen kann. Ein Betreff sollte prägnant sein und einen ersten Eindruck über das Thema der E-Mail liefern, wobei es sich hierbei aber nicht um grammatikalisch vollständige Sätze handeln muss.
- Man sollte nach einem längeren E-Mail-Wechsel ein paar REs aus der Betreffzeile löschen oder aber einen neuen Betreff formulieren, um eventuell veraltete Bezüge zu entfernen und das subject dem gegenwärtigen Inhalt der Nachricht anzupassen oder aber um schlichtweg eine bessere Übersichtlichkeit zu gewährleisten.
- Man sollte die wichtigen Teile der Ursprungsnachricht, auf die man sich in seiner Antwort bezieht, mitzitieren. Unter Umständen kann es sein, dass zwischen einer E-Mail und deren Beantwortung einige Tage vergehen und der Bezugsrahmen somit für den Empfänger nicht mehr deutlich ist. Wenn jedoch die entsprechenden Textpassagen gequotet werden, wird das Verständnis enorm erleichtert. Allerdings sollten wirklich nur die relevanten Textteile übernommen werden, um E-Mails nicht unnötig zu vergrößern, die dann zusätzliche Speicherkapazität beanspruchen.
- Man sollte bedenken, dass nicht jedes E-Mail-Programm alle Sonderzeichen oder Formatierungen darstellen kann. Zum Beispiel wird das Trademark-Zeichen von Windows 95 anders interpretiert als von MacOS, was zu Verwirrungen führen kann[129]. Es ist daher empfehlenswert, möglichst auf Sonderzeichen zu verzichten und nur unformatierten Text zu versenden.
- Man sollte darauf achten, dass die Einbindung von Hyperlinks durch die Interpunktion gestört werden könnte. Es ist insofern besser, einen Hyperlink immer in eine gesonderte Zeile zu schreiben, damit das Programm ei-

[128] Vgl. Wiest: Computergestützte Kommunikation am Arbeitsplatz, S. 84.

nen am Ende eines Satzes stehenden Punkt o. Ä. nicht als Teil des Hyperlinks interpretiert, denn dann könnte die URL nicht gefunden werden.

- Man sollte keine langen Absätze schreiben, denn durch die Darstellung am Bildschirm mit Scrollbars empfinden es viele Leser als unangenehm, lange Abschnitte erfassen zu müssen.[130] Überhaupt sollten E-Mails kurz, präzise und eindeutig sein, um Redundanzen zu vermeiden und möglichst wenig Zeit in Anspruch zu nehmen. Zu beachten ist dabei jedoch, dass sich allzu kurze Nachrichten schnell unhöflich anhören können[131], so dass es gilt, ein gesundes Mittelmaß zu finden. Innerhalb des Bodys empfehlen Angell und Heslop eine Struktur ähnlich den konventionellen Briefen, da der Leser an diesen Aufbau gewöhnt sei[132], und diesen Ratschlag scheinen deutsche E-Mail-Nutzer bereits beherzigt zu haben, denn Günther und Wyss haben festgestellt, dass der Body eher traditionell ist und zumeist aus Anrede, Text und Gruß besteht. Die drei schreibkontaktspezifischen und auch für die E-Mail konstitutiven Elemente, die die Kontaktaufnahme, die Informationsübermittlung und den Kontaktabbruch regeln, sind scheinbar von dem traditionellen Brief übernommen worden.[133]
- Man sollte mit der Betonung in E-Mails – zum Beispiel durch **Sternchen**, durch Einschübe in >>Klammern<<, durch vor- und nachgestellte !!!Ausrufezeichen!!! oder durch GROSSBUCHSTABEN sparsam umgehen, um den Lesefluss nicht unnötig zu unterbrechen. Ein zu häufiger Einsatz dieser Methoden wird von den Usern als Schreien bezeichnet und gerügt.[134] Selbiges gilt für den Einsatz von Smileys, Comicsprache oder kreativer Interpunktion, die bei übermäßigem Gebrauch zum Einen ihre Wirkung verlieren und zum Anderen als störend empfunden werden.
- Man sollte größere Datenmengen nicht ohne vorherige Absprache versenden, weil der Empfänger seine E-Mails vielleicht über eine herkömmliche Telefonleitung unter Verwendung eines Modems abfragt, so dass es mitunter Stunden dauern könnte, eine E-Mail mit einem mehrere Megabyte

---

[129] Vgl. Arnhold: Der effektive Einsatz von E-Mails, Kapitel Textgestaltung.
[130] Vgl. Arnhold: Der effektive Einsatz von E-Mails, Kapitel Seiten-Layout.
[131] Vgl. Alspach: Internet E-Mail, S. 113.
[132] Vgl. Angell/Heslop: The elements of E-Mail style, S. iv.
[133] Vgl. Günther/Wyss: E-Mail-Briefe, S. 66.
[134] Vgl. Alspach: Internet E-Mail, S. 115.

großen Anhang downzuloaden, was nicht unerhebliche Kosten mit sich brächte.

- Man sollte seine Mailbox regelmäßig – am besten mindestens einmal pro Tag – abfragen und auf eingegangene E-Mails möglichst unverzüglich antworten. Selbst wenn man nicht sofort auf den Inhalt einer Nachricht eingehen kann, so sollte man dem Absender doch eine kurze Notiz zukommen lassen, dass seine Nachricht registriert wurde und er bald mit einer Antwort rechnen könne. Viele E-Mail-Programme bieten inzwischen die Möglichkeit des Autoresponds, das heißt, sobald eine neue Nachricht in das Postfach eingeht, verschickt der Mail-Server automatisch eine E-Mail mit einem vorher festgelegten Text an den jeweiligen Absender.

- Man sollte nichts per E-Mail schreiben, was man nicht auch zum Beispiel in einem persönlichen Gespräch sagen würde. Es versteht sich von selbst, dass der Einsatz sexistischer Formulierungen, religiöser Anspielungen etc. beleidigend wirken könnte und deshalb zu unterbleiben hat. Es empfiehlt sich – wenn man nicht bereits mit dem Empfänger näher vertraut ist – eine möglichst neutrale Schreibweise.
- Man sollte keine privaten Nachrichten ohne die ausdrückliche Genehmigung des Absenders an andere Personen weiterleiten, auch wenn es kein offizielles E-Mail-Brief-Geheimnis gibt.
- Man sollte vor der Betätigung des Sendebuttons seine E-Mail grundsätzlich nochmals Korrektur lesen. Auch wenn die Untersuchungen zeigen, dass besonders bei der elektronischen Kommunikation viele Flüchtigkeitsfehler nicht beseitigt werden und dies beim Adressaten wohl auch nicht das Gefühl eines unintelligenten Absenders vermittelt, so sollte doch Wert darauf gelegt werden, sich möglichst gut zu präsentieren.

Es ist sinnvoll, vor dem Verschicken einer E-Mail nochmals folgende Punkte zu hinterfragen, die die Gestaltung der E-Mail wesentlich beeinflussen können[135]:

- Hatte man bereits Kontakt mit dem Empfänger? Wenn bereits ein Austausch mit dem Kommunikationspartner stattgefunden hat, so dürften be-

135 Vgl. Arnhold: Der effektive Einsatz von E-Mails, Kapitel Einsatz.

reits gedankliche Bilder von Sender und Empfänger existieren, und zusätzliche Informationen über den eigenen Status o. Ä. sind überflüssig.

- Legt der Empfänger besonderen Wert auf den formalen Aufbau, die Orthographie, die Grammatik etc.? Eine E-Mail an nahe Freunde unterscheidet sich wahrscheinlich grundlegend von einer Nachricht an seinen Vorgesetzten, da im privaten Umfeld vermutlich weniger Wert auf orthographische Korrektheit gelegt wird.
- Welchen Stellenwert besitzt die E-Mail, und was hängt von ihr ab? Möchte man mit einem Unbekannten in Kontakt treten und einen guten Eindruck hinterlassen, oder ist die E-Mail nur für eine informelle Information unter Bekannten gedacht?
- Wie sehen die E-Mails des Kommunikationspartners aus? Sollten die E-Mails des Empfängers viele Flüchtigkeitsfehler o. Ä. enthalten, so kann man davon ausgehen, dass er weniger Wert auf die Formalia als vielmehr auf den Informationsgehalt legt, und kann daraus Rückschlüsse für die eigene E-Mail-Gestaltung ziehen.
- Möchte man Vorurteile über seine Person vermeiden? Wenn es jemandem nichts ausmacht, dass der Empfänger einen falschen Eindruck von der eigenen Person erhält, so kann man auch fehlerhafte E-Mails versenden. Will man jedoch ein gewisses Bild von sich vermitteln, so sollten die oben aufgeführten Punkte bei der Gestaltung seiner elektronischen Nachrichten berücksichtigt werden.

6. Fazit

Die E-Mail-Kommunikation kann nicht pauschal beurteilt werden, da sie ein großes Spektrum an Schreibpraxen umfasst, die hinsichtlich verschiedener Faktoren variieren und somit eine allgemeingültige Aussage unmöglich machen. In der computervermittelten Kommunikation konstituiert sich vielmehr ein Varietätenraum, der durch zahlreiche Parameter wie Herkunft, Geschlecht, Alter, Bildungsniveau, Stellung der Kommunikationspartner zueinander o. Ä. gekennzeichnet ist. Durch das dieser Studie zu Grunde liegende Korpus konnten jedoch Grundtendenzen der computervermittelten Kommunikation herausgearbeitet werden, die sich wie folgt zusammenfassen lassen:

Man kann die Frage, ob E-Mails eher dem Bereich der Schriftlichkeit oder dem der Mündlichkeit zuzuordnen sind, nicht klar beantworten, denn die elektronische Post stellt vielmehr eine hybride Varietät der Sprache dar.

> „Like beauty, the linguistic character of email resides mainly in the eye of the beholder. A number of users insist that since email is durable representation, it must be a form of writing, though for many others (from retirees sending email instead of calling long-distance, to computer-saturated organizations where ‚the phone never rings'), email is largely perceived as speech by other means. [...] Many seasoned users of email insist that their informal missives are ‚speech by other means', while acknowleding their formal messages to be more like ‚letters by phone'."[136]

Aber dass „mit den E-Mail-Briefen [...] eine neue Schreibkultur [entsteht], die sich durch ihre Schriftlichkeit zwar von der Alltagskommunikation deutlich abhebt, aber sprechsprachliche Formen mitträgt, [und dass] diese neue Schreibkultur [...] sich [...] in einem Bereich verschrifteter Mündlichkeit oder mündlicher Schriftlichkeit [bewegt] "[137] wurde durch die obigen Ausführungen deutlich. Insofern sind sowohl die Aussage Scholls und anderer, dass die computervermittelte Kommunikation die Schriftform des Briefes mit der Schnelligkeit des Telefons verbinde[138], als auch die Feststellung Königers, dass elektronische Post sich mehr an der gesprochenen als an der geschriebenen Sprache orientiere[139], nur bedingt haltbar. Es ist allerdings unbestritten, dass die neuen Medien erheblichen Einfluss auf die natürliche Sprache haben und besonders im Bereich der E-Mail-Kommunikation bewirken sie eine „neue Verflechtung der semiotischen Kanäle"[140], so dass die Grenzen zwischen Verbalität und Nonverbalität immer mehr verschwimmen. Die neuen Medien verändern das Schreiben. Für einen handgeschriebenen Brief wird ein anderer Stil als für eine E-Mail gewählt, und die anonymere, reduziertere

---

[136] Baron: Letters by phone, S. 161-164.
[137] Günther/Wyss: E-Mail-Briefe, S. 82.
[138] Vgl. Scholl u. a.: Computervermittelte Kommunikation in der Wissenschaft, S. 20.
[139] Vgl. Königer: Dynamik technisch geprägter Sprache, S. 168.
[140] Schmitz: neue Medien und Gegenwartssprache, S. 34.

und schnellere elektronische Kommunikation schafft eigene neue Ordnungen, die wir eben erst zu entdecken beginnen.
Der Grad konzeptioneller Mündlichkeit in E-Mails hängt stark von der Betrachtungsebene ab, denn „reality ist not clear-cut. While Social dynamics, Lexicon, and Style distribute themselves neatly [sic] on the dichotomous writing/speech spectrum, Format and syntax have mixed profiles.“[141]
Man kann also folgendes linguistisches Profil einer E-Mail erstellen:

Lingustic component	Email most like
Social Dynamics	predominantly writing
Format	(mixed) writing and speech
Grammar	
Lexicon	predominantly speech
Syntax	(mixed) writing and speech
Style	predominantly speech

Tab. 9: Linguistisches Profil einer E-Mail[142]

Mit der E-Mail-Kommunikation etabliert sich ein neuer Kommunikations- und Interaktionstypus, dessen Erscheinungsbild maßgeblich durch die technologischen Neuerungen beeinflusst wurde und auch weiterhin beeinflusst werden wird. Zum Teil lassen sich vertraute Muster der Telefon-, der Fax- oder der face-to-face-Kommunikation ausmachen, aber auf der anderen Seite bilden sich neue Merkmale heraus, „die den spezifischen Bedingungen und Möglichkeiten eines neuen Mediums Rechnung tragen.“[143] Es finden sich sowohl alltägliche Sprachkonventionen wie bestimmte Formen der Stereotypenverwendungen oder Anrede- und Schlussformeln, aber auf der anderen Seite etablieren sich para- und noverbal-ikonographische Symbolebenen wie Emoticons, die die spezifische Kommunikationssituation am Computer mit ihren Beschränkungen ausgleichen sollen. Die in der E-Mail-Kommunikation

141 Baron: Letters by phone, S. 155.
142 Ebd.
143 Weingarten: Perspektiven der Schriftkultur, S. 71.

genutzten Möglichkeiten der Textstrukturierung und des Ausdrucks sind also keinesfalls sofort als defizitär zu kennzeichnen, auch wenn sie meist nicht an die Stilistik einer sorgsam formulierten Schriftsprache heranreichen. Es kommt zu einem vermehrten Gebrauch von Abkürzungen, die mit der Schnelligkeit des Mitteilens begründet werden kann. Im Gegenteil, die E-Mail-Kommunikation nutzt die ihr zur Verfügung stehenden technischen Möglichkeiten optimal aus und ermöglicht somit eine schnelle, kostengünstige, unabhängige und funktionsfähige Kommunikation. Elektronisches Kommunizieren wird somit sicherlich zu weiteren Ausdifferenzierungen von Lese- und Schreibkulturen führen.

Die Sprache des Internet erweist sich als ausgesprochen innovativ und steht eng im Zusammenhang mit den medialen Eigenschaften dieser speziellen computervermittelten Kommunikationsform. Es findet sich eine Reihe von materiellen Vereinfachungen der Ausdrucksmittel in Form von Aposiopesen, Abkürzungen usw., aber dennoch werden sie generell pragmatisch komplexer, so dass die E-Mail-Nutzer ihre Funktion und Bedeutung stets neu aus dem kommunikativen Kontext erschließen müssen. Dass morphosyntaktische Komplexität zugunsten pragmatischer aufgegeben wird, kann zum Einen darauf zurückgeführt werden, dass E-Mails einer schnellen Produktionssituation via Tastatur unterliegen, aber zum Anderen wird durch solche sprechsprachlichen Konzeptionen die Sprecher-Hörer-Nähe symbolisch erhöht.[144]

Allerdings wird die E-Mail-Kommunikation trotz alledem die anderen kommunikativen Praktiken nicht verdrängen und ersetzen, sondern sie stellt lediglich eine weitere Alternative im Bereich der Kommunikationsmöglichkeiten dar, die man mit seinen Vorteilen in entsprechenden Situationen für sich nutzbar machen sollte. Im Rückblick auf den schnellen Verbreitungsgrad der E-Mail-Kommunikation schein folglich eine solche Situation nicht mehr denkbar. Die Autorin ist vielmehr der Auffassung, dass E-Mails in naher Zukunft ähnlich wie das Telefon zum kommunikativen Alltag gehören werden.

---

[144] Vgl. Haase u. a.: Internetkommunikation und Sprachwandel, S. 81.

7. Literaturverzeichnis

Monographien:

ALSPACH, Ted: Internet E-Mail. Quick Tour; Bonn u. a. 1996

ANGELL, David; HESLOP, Brent: The Elements Of E-Mail Style. Communicate Effectively Via Eletronic Mail; Reading u. a. 1994

APPEL, Wolfgang: Effektivität PC-gestützter Kommunikationssysteme. Empirische Ergebnisse zur Nutzung von E-Mail und Viedoconferencing; Frankfurt am Main u. a. 2000 (Schriften zur empirischen Entscheidungs- und Organisationsforschung, Bd. 19)

BOLZ, Norbert: Theorie der Neuen Medien; München 1990

BOLZ, Norbert: Am Ende der Gutenberg-Galaxis. Die neuen Kommunikationsverhältnisse; München 1993

FOSCHT, Thomas: Interaktive Medien in der Kommunikation. Verhaltenswissenschaftliche und systemtheoretische Analyse der Wirkung neuer Medien; Wiesbaden 1998

GIESEKE, Wolfram: Das E-Mail Einmaleins; Bonn u. a.

GRONERT, Elke: Datenkommunikation mit dem PC. Modems, PC-Fax, Btx, Elektronische Post, Software und ISDN-PCs im praktischen Einsatz; München 1992

HINNER, Kajeta: Gesellschaftliche Auswirkungen moderner Kommunikationstechnologien am Beispiel des Internet; Berlin 1996

HOLLAND, Gabriele: Electronic Mail in der Arbeitswelt. Die Implementierung, soziale Aneignung und Nutzung eines neuen interaktiven Mediums in organisatorischen Kontexten; Frankfurt am Main u. a. 1998 (Europäische Hochschulschriften, Reihe XXII, Bd. 328)

HOLLAND, Gabriele; WIEST, Georg: Electronic Mail als neues Medium organisatorischer Kommunikation; Augsburg 1991 (ABAKUS, Bd. 12)

MAIER, Gunther; WILDBERGER, Andreas: In 8 Sekunden um die Welt. Kommunikation über das Internet; 4., überarbeitete und erweiterte Auflage Bonn u. a. 1995

LANGHAM, Matthew: Email und News. Weltweite Kommunikation über UUCP, Internet und andere Computernetzwerke; München u. Wien 1993

NIEDERMEIER, Karin: Emoticons. Kultkommunikation ohne Worte; Mainz 2001

RABANUS, Stefan: Die Sprache der Internet-Kommunikation, Mainz 1996 (Internet im Gardez!, Bd. 1)

RAPAPORT, Matthew: Computer Mediated Communications. Bulletin Boards, Computer Conferencing, Electronic Mail, And Information Retrieval; New York u. a. 1991

RUNKEHL, Jens; SCHLOBINSKI, Peter; SIEVER, Torsten: Sprache und Kommunikation im Internet. Überblick und Analysen; Opladen u. Wiesbaden 1998

SCHOLL, Wolfgang; PELZ, Jan; RADE, Jörg: Computervermittelte Kommunikation in der Wissenschaft; Münster u. a. 1996

SCHWARTZ, Alan: Managing Mailing Lists; Cambridge u. a. 1998

SPENGLER-RAST, Christa; KAMPEN, Maria: Perspektiven und Probleme computergestützter Kommunikation – am Beispiel „Elektronische Post“; Bad Honnef 1991 (Wissenschaftliches Institut für Kommunikationsdienste, Bd. 70)

STEGBAUER, Christian: Electronic Mail und Organisation: Partizipation, Mikropolitik und soziale Integration von Kommunikationsmedien; Göttingen 1995

WEIZENBAUM, Joseph: Die Macht der Computer und die Ohnmacht der Vernunft; Frankfurt am Main [8]1990 (Suhrkamp Taschenbuch Wissenschaft, Bd. 274)

WIEST, Georg: Computergestützte Kommunikation am Arbeitsplatz. Die Aneignung neuer Kommunikationstechniken in Organisationen am Beispiel von Electronic Mail; Weiden 1994

Sammelbände:

DÖRING, Nicola: Kommunikation im Internet: Neun theoretische Ansätze. In: BATINIC, Bernad (Hrsg.): Internet für Psychologen; Göttingen u. a. 1997, S. 267-298

GRÄF, Lorenz: Locker verknüpft im Cyberspace. Einige Thesen zur Änderung sozialer Netzwerke durch die Nutzung des Internet. In: GRÄF, Lorenz; KRAJEWSKI, Markus (Hrsg.): Soziologie des Internet. Handeln im elektronischen Web-Werk; Frankfurt am Main u. New York 1997, S. 99-124

GÜNTHER, Ulla; WYSS, Eva Lia: E-Mail-Briefe – eine neue Textsorte zwischen Mündlichkeit und Schriftlichkeit. In: HESS-LÜTTICH, Ernest W. B. u. a. (Hrsg.): Textstrukturen im Medienwandel; Frankfurt am Main u. a. 1996, S. 61-86 (Forum angewandte Linguistik, Bd. 29)

HAASE, Martin; HUBER, Michael; KRUMREICH, Alexander; REHM, Georg: Internetkommunikation und Sprachwandel. In: WEINGARTEN, Rüdiger (Hrsg.): Sprachwandel durch Computer; Opladen 1997, S. 51-85

KOCH, P.; OESTERREICHER, W.: Schriftlichkeit und Sprache. In: GÜNTHER, Hartmut; LUDWIG, Otto (Hrsg.): Schrift und Schriftlichkeit. Ein interdisziplinäres Handbuch internationaler Forschung; Berlin u. New York 1994

KÖNIGER, Paul: Dynamik technisch geprägter Sprache. In: WEINGARTEN, Rüdiger (Hrsg.): Sprachwandel durch Computer; Opladen 1997, S. 159-184

PANSEGRAU, Petra: Dialogizität und Degrammatikalisierung in E-Mails. In: WEINGARTEN, Rüdiger (Hrsg.): Sprachwandel durch Computer; Opladen 1997, S. 86-104

QUASTHOFF, Uta M.: Kommunikative Normen im Entstehen: Beobachtungen zu Kontextualisierungsprozessen in elektronischer Kommunikation. In: WEINGARTEN, Rüdiger (Hrsg.): Sprachwandel durch Computer; Opladen 1997, S. 23-50

SCHADE, Oliver: Dienste im Internet. In: BATINIC, Bernad (Hrsg.): Internet für Psychologen; Göttingen u. a. 1997, S. 49-88

SCHANZE, Helmut; KAMMER, Manfred: Brief, Dokument und Memorial. Zum Problem der „Formulare“ in der elektronischen Kommunikation. In:

HESS-LÜTTICH; Ernest W. B.; POSNER, Roland (Hrsg.): Code-Wechsel. Texte im Medienvergleich; Opladen 1990, S. 257-270

WEINGARTEN, Rüdiger: Perspektiven der Schriftkultur. In: GÜNTHER, Hartmut; LUDWIG, Otto (Hrsg.): Schrift und Schriftlichkeit. Ein interdisziplinäres Handbuch internationaler Forschung; Berlin u. New York 1994, S. 61-79

WEINGARTEN, Rüdiger: Sprachwandel durch Computer. In: WEINGARTEN, Rüdiger (Hrsg.): Sprachwandel durch Computer; Opladen 1997, S. 7-20

Zeitschriftenartikel:

BARON, Naomi S.: Letters By Phone Or Speech By Other Means: The Linguistics Of Email. In: Language & Communication, Bd. 18 (1998), S. 133-170

FREY, Siegfried; KEMPTER, Guido; FRENZ, Hans-Georg: Multimedia-Gesellschaft. Theoretische Grundlagen der multimedialen Kommunikation. In: Spektrum der Wissenschaft, Bd. 8 (1996), S. 32-38

FRÜHWALD, Wolfgang: Vor uns. Die elektronische Sintflut. Wie Sprache und Schrift ihre dominierende Kraft an die perfekte Beherrschung der technischen Medien verlieren. In: Die Zeit, Nr. 27 (28.06.1996)

GAINS, Jonathan: Electronic Mail – A New Style Of Communication Or Just A New Medium?: An Investigation Into The Text Features Of E-Mail. In: English For Specific Purposes, Bd. 18 (1999), S. 81-101

HÖFLICH, Joachim R.: Normative und semiotische Aspekte technisch vermittelter Kommunikation. In: Communications. Die europäische Zeitschrift für Kommunikation, Bd. 16 (1991), S. 73-89

JANICH, Nina: Electronic Mail, eine betriebsinterne Kommunikationsform. In: Muttersprache. Vierteljahrsschrift für deutsche Sprache, Bd. 104 (1994), S. 248-259

KOCH, Peter; OESTERREICHER, Wulf: Sprache der Nähe – Sprache der Distanz. Mündlichkeit und Schriftlichkeit im Spannungsfeld von Sprachtheorie und Sprachgeschichte. In: Romanisches Jahrbuch, Bd. 36 (1985), S. 15-43

LEE, Allen S.: Electronic Mail As A Medium For Rich Communication: An Empirical Investigation Using Hermeneutic Interpretation. In: Management Information Systems Quarterly, Bd. 18 (1994), S. 143-157

NGWENYAMA, Ojelanki K.; LEE, Allen S.: Communication Richness In Electronic Mail: Critical Social Theory And The Contextuality Of Meaning. In: Management Information Systems Quarterly, Bd. 21 (1997), S. 145-167

RADETZKY, Gerda von: Digitale Briefe schreiben. In: is-report. Zeitschrift für betriebswirtschaftliche Kommunikation, Bd. 6 (1998), S. 46-48

SCHLOBINKSI, Peter: Kommunikationspraxen im Internet. In: Der Deutschunterricht, Bd. 1 (2000), S. 54-65

SCHLOBINSKI, Peter: Neues Medium: Das Internet. Zur Einführung in die Themenstellung. In: Der Deutschunterricht, Bd. 1 (2000), S. 3-10

SCHMITZ, Ulrich: neue Medien und Gegenwartssprache. Lagebericht und Problemskizze. In: Osnabrücker Beiträge zur Sprachtheorie, Bd. 50 (1995), S. 7-51

STATISTISCHES BUNDESAMT: EVS. Private Haushalte mit ausgewählten langlebigen Gebrauchsgütern; o. O. 2000

STATISTISCHES BUNDESAMT: LWR. Ausstattung mit ausgewählten langlebigen Gebrauchsgütern; o. O. 2000

Internetressourcen:

ARNOLD, Klaus: Der effektive Einsatz von E-Mails; o. O. o. J. [http://www.klaus-arnold.de/de/infos/email/basics/index.php3]

FULLER, Rodney: Human-Computer-Human Interaction. How Computers Affect Interpersonal Communication; o. O. 1994 [http://www.uni-koeln.de/themen/cmc/text/fuller.94.txt]

KAES, Michael: Vergleich von ausgewählten herkömmlichen und E-Mail Leserbriefen an das Jugendmagazin *jetzt* der *Süddeutschen Zeitung* unter Beachtung textlinguistischer Aspekte. Hausarbeit zum Hauptseminar „Deutsche Gegenwartssprache in den neuen Medien"; o. O. 1995 [http://www.linse.uni-essen.de/esel/jetzt.htm]

LANGHAM, David: The Common Place MOO: Orality And Literacy In Virtual Reality. In: Computer-mediated Communication Magazine, Bd. 7 (1994) [http://sunsite.unc.edu/cmc/mag/1994/jul/moo.html]

PIENING, Raimund: Electronic Mail. Ein neues Medium in seinem Verhältnis zum herkömmlichen Brief. Hausarbeit zum Hauptseminar „Deutsche Gegenwartssprache in den neuen Medien"; o. O. 1995 [http://www.linse.uni-essen.de/esel/emailhs/emailhs.htm]

SHERWOOD, Kaitlin Duck: Email vs. Letters; o. O. 2000 [http://www.webfoot.com/advice/EmailVsLetters.html]

SMITH, Marc A.: Voices from the WELL: The Logic Of The Virtual Commons; o. O. 1993 [http://www.sscnet.ucla.edu/soc/csoc/virt-comm.htm]

WALTER; Christoph: Smiley-Lexikon; o. O. o. J. [http://allgaeu.org/cwalter/smileys.hml]

WENZ, Karin: Formen der Mündlichkeit und Schriftlichkeit in digitalen Medien. In: Linguistic online 1, 1/98 [http://www.viadrina.euv-frankfurt-o.de/~wjournal/wenz.htm]

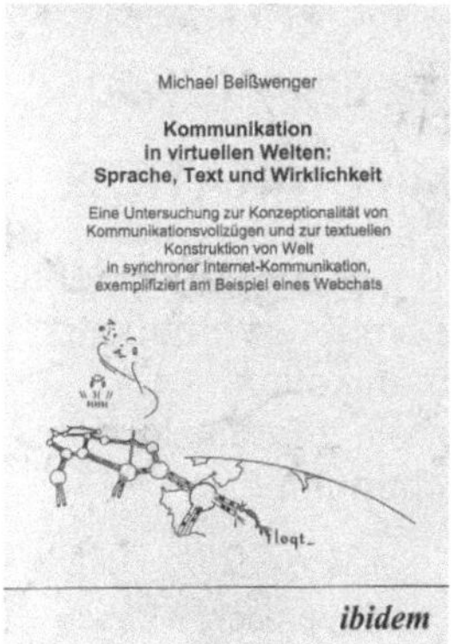

Michael Beißwenger

Kommunikation in virtuellen Welten: Sprache, Text und Wirklichkeit

Eine Untersuchung zur Konzeptionalität von Kommunikationsvollzügen und zur textuellen Konstruktion von Welt in synchroner Internet-Kommunikation, exemplifiziert am Beispiel eines Webchats

ISBN 3-89821-020-0
225 S., Paperback, EURO 24,90

Erhältlich in jeder Buchhandlung oder direkt bei ***ibidem***

Dieses Buch analysiert die Kommunikation in einem Webchat unter den folgenden Aspekten:

Konzeptionalität von Kommunikationsvollzügen: Chat-Kommunikation ist in ihrer Spezifik in zweierlei Hinsicht determiniert: Zum einen vollzieht sie sich – durch Vermittlung von Computersystemen – annähernd synchron, zum anderen materialisiert sie sich im Medium der Schrift als einem Medium der Distanz. Anhand einer Auswertung sprachlicher, textueller, semiotischer und prozeduraler Auffälligkeiten von Chat-Mitschnitten wird aufgezeigt, daß die kommunikative Grundhaltung beim Chatten als ein Hybrid anzusehen ist, der zwischen ›Mündlichkeit‹ und ›Schriftlichkeit‹ eine Sonderstellung einnimmt, die maßgeblich geprägt ist sowohl durch das Medium, in dem die zugehörigen sprachlichen Äußerungen realisiert werden (›graphisch‹ vs. ›phonisch‹) als auch durch die Gegebenheiten des (technischen) Trägermediums, welches das Zustandekommen des kommunikativen Austauschs erst ermöglicht.

Situiertheit – Theatralität – Inszenierung: Chat-Kommunikation weist mithin theatrale Züge auf, an denen sich studieren läßt, wie sich mittels sprachlicher Deklarationen auf spielerischem Wege »Welten« herstellen lassen, die für eine bestimmte Dauer (nämlich die Dauer des »Spiels«) als simulierte Bezugsgrößen für die an ihnen beteiligten Personen durchaus eine gewisse »Realität« besitzen können. Ausgangspunkt für die Frage nach den theatralen Aspekten von Chat-Kommunikation ist zunächst die Frage nach der Wirklichkeit der Situiertheit von Kommunikationsbeteiligten in sogenannten Chat-»Räumen«. Diese kann sowohl als Teilhabe an einer Sphäre potentieller kommunikativer Nähe als auch als metaphorisch konstituiertes Zugegensein auf einer virtuellen Spielbühne beschrieben werden. Davon ausgehend werden die Subjektkonstruktionen untersucht, mittels derer sich Chatter anhand von *Masken*, die in der Regel einen bestimmten *Figurentypus* repräsentieren, in unterschiedliche *Rollen* begeben und an kreativen *Inszenierungen* teilnehmen, in deren Rahmen *fiktive Schauplätze* etabliert werden, die dann kooperativ und auf dem Wege konsensuell ausgehandelter Simulationen als »virtuelle Welten« kommunikative Realität erhalten können.

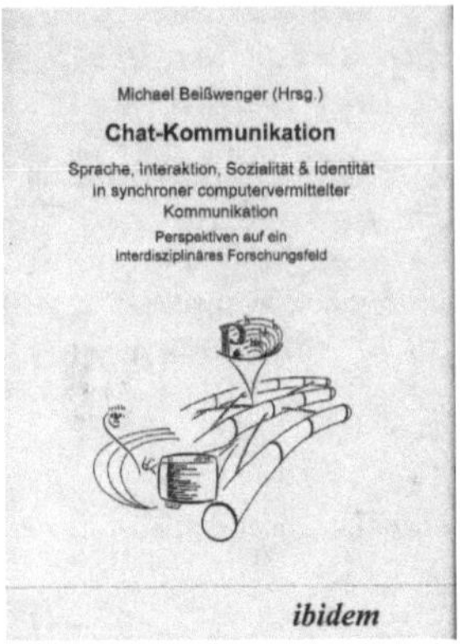

Michael Beißwenger (Hrsg.)

CHAT-KOMMUNIKATION

Sprache, Interaktion, Sozialität & Identität in synchroner computervermittelter Kommunikation.
Perspektiven auf ein interdisziplinäres Forschungsfeld

ISBN 3-89821-247-5
620 S., zahlr. Abb., Paperback, 2 Bände
Euro 36,80

Zu beziehen über jede Buchhandlung oder direkt bei *ibidem*

Der Band bringt in einer Reihe von Einzelbeiträgen die unterschiedlichen Zugangsweisen zu Phänomenen der Chat-Kommunikation zur Darstellung und dokumentiert somit zugleich die Interdisziplinarität des damit zusammenhängenden – spannenden wie facettenreichen – Forschungsfeldes.

Die Beiträge verteilen sich auf fünf thematische Rubriken:

- Sprache und Interaktion in Chat-Kommunikation – Konzeptionelle Zugänge und Analysen
- Sozialität und Identität in Chat-Kommunikation – Konzeptionelle Zugänge und Analysen
- Chat-Plattformen: Typen, Nutzer und Betreiber
- Chat-Kommunikation im soziokulturellen Kontext: Sprachenspezifische Einzelanalysen
- Chat-Kommunikation für Ausbildung und Lehre – Anwendungen und Perspektiven

Die einzelnen Beiträge stammen aus den Bereichen Medien- und Kommunikationswissenschaft, Linguistik, Psychologie, Geographie, Erziehungswissenschaft, Computerlinguistik, Informatik, Publizistik & Technologie. Vertreten sind 25 Autoren mit 21 Beiträgen in deutscher und englischer Sprache. Jeder Beitrag ist mit einem Abstract in deutscher und englischer Sprache versehen.

Die Autoren: Jannis Androutsopoulos – Michael Beißwenger – Nasser Berjaoui – Teresa Cerratto – Hajo Diekmannshenke – Nicola Döring – Gerit Götzenbrukker – Volker Hinnenkamp – Roman Hummel – Jörg Kilian – Karl Kollmann – Boris Körkel – Lothar Lemnitzer – Karin Naumann – Claudia Orthmann – Ulrike Pütz – Peter Reimann – Alexander Schestag – Juliane Schönfeldt – Kai Seidler – Angelika Storrer – John Suler – Caja Thimm – Jörg Zumbach

Weitere Informationen finden sich auf der begleitenden Website:

www.chat-kommunikation.de

»Beisswenger ist durch zahlreiche Veroeffentlichungen zum Thema und durch seine international bekannte Bibliography on Chat Communication http://www.chat-bibliography.de in vermutlich jungen Jahren schon so etwas wie der Nestor der deutschsprachigen Chatforschung. «

Quelle: Greter, Reinhold; http://www.mikro.org/rohrpost; 20.10.2001

»Chat-Kommunkation hat in den letzten Jahren mehr und mehr zugenommen, besonders bei Jugendlichen ist das ursprünglich nicht so konzipierte Medium auf größtes Interesse gestoßen. Chat-Kommunikation kann als Form verschrifteter Gespräche angesehen werden, zeigt aber eine Reihe höchst bemerkenswerter Besonderheiten. Der vorliegende Band bringt in einer Reihe von Einzelbeiträgen die unterschiedlichen Zugangsweisen zu Phänomenen der Chat-Kommunikation zur Darstellung und dokumentiert damit zugleich die Interdisziplinarität des damit zusammenhängenden spannenden wie facettenreichen Forschungsfeldes. Der Band ist in fünf thematische Rubriken unterteilt, die jeweils für sich und in Ergänzung zueinander unterschiedlichen Motivationen einer Beschäftigung mit Chat-Kommunikation entsprechen. Der erste Teil befasst sich mit Sprache und Interaktion in Chat-Kommunikation. Teil 2 ist der Sozialität und Identität in Chat-Kommunikation gewidmet. Im dritten Teil werden Typen von Chats und ihre Nutzer analysiert. Teil 4 sieht Chat-Kommunikation im soziokulturellen Kontext. Der letzte Teil entwickelt Perspektiven für Chat-Kommunikation in Ausbildung und Lehre. […] [Das Buch] ist […] aufgrund der sehr guten empirischen Studien für jeden in der Medienforschung aktiven Sozialwissenschaftler von höchster Relevanz.«

Quelle: Petzold; Forum Qualitative Sozialforschung; Volume 3; No. 2 – Mai 2002

There can be no doubt that this collection of papers represents the best collection extant of the state of the art of research on the Internet. It is worlds ahead […] in terms of technicity of approaches and in sheer terms of knowledge. It is an absolute must for anyone working on the Internet from any perspective. The contributions straddle a huge area of approaches, and sometimes speak very different "languages" in terms of basic premises of their fields. Reading through the whole volume means running quite a gamut of approaches and styles of conducting science. But the volume does have recurrent themes, such as the theatricality issue, or the issue of the place of Internet language besides or between written and spoken language, and the large issue of the "lean medium" character, which surface in various guises. Although some of the contributions are not an easy read and require work, the volume as a whole is well-produced and worth the effort, and certainly the money. Befitting a volume on the given topic, supportive material on authors and some of the contributions, as well as further references is available on a website (www.chat-kommunikation.de).

Quelle: Dieter Stein, Universität Düsseldorf, einger. für: *Linguistics*

Jonas F. Puck

PERSONALREKRUTIERUNG ÜBER DIE PERSONALHOMEPAGE

Eine empirische Untersuchung der Umfeldeinflüsse auf Einsatz und Einsatzform im europäischen Vergleich

ISBN 3-89821-185-1
160 S., € 24,90

Erhältlich in jeder Buchhandlung oder direkt bei

ibidem

In den letzten Jahren hat sich das internationale Management gewandelt. Insbesondere das Personalmanagement und der Einsatz moderner Kommunikationstechniken haben intensiv an Bedeutung gewonnen. Die Personalrekrutierung im Internet führt eben diese beiden Elemente zusammen und verspricht Effizienzgewinne im Prozess der Personalrekrutierung. Insbesondere der Einsatz der Personalrekrutierung über die firmeneigene Personalhomepage wird in der Literatur diskutiert.

Fraglich ist jedoch, ob Umfeldeinflüsse einen national differenzierten Ansatz der Personalrekrutierung über die Personalhomepage notwendig machen. Ziel dieser Studie ist es, diese Umfeldeinflüsse auf Einsatz und Einsatzform der Personalrekrutierung zu erarbeiten und empirisch zu überprüfen. Zur Überprüfung wurden dabei die Personalhomepages der jeweils 50 größten Unternehmen aus Deutschland, Italien und Großbritannien untersucht.

Der Autor:

Jonas F. Puck, Jahrgang 1974, studierte Betriebswirtschaftslehre mit internationalem Schwerpunkt in Berlin und Nürnberg. Er ist derzeit als Mitarbeiter am Lehrstuhl für Internationales Management der Friedrich-Alexander-Universität Erlangen-Nürnberg tätig.

ibidem-Verlag • Melchiorstr. 15 • 70439 Stuttgart • Tel.: 0711/9807954 • Fax: 0711/8001889
ibidem@ibidem-verlag.de

MIX
Papier | Fördert gute Waldnutzung
FSC® C083411

Zeitfracht Medien GmbH
Ferdinand-Jühlke-Straße 7
99095 Erfurt, Deutschland
produktsicherheit@kolibri360.de